Gèrard Wajcman y otros

ARTE Y PSICOANÁLISIS

El vacío y la representación

Editorial Brujas

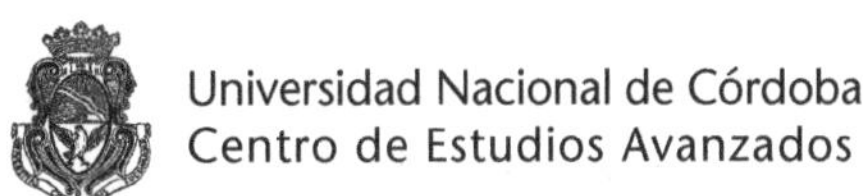

Universidad Nacional de Córdoba
Centro de Estudios Avanzados

Título: Arte y Psicoanálisis. El vacío y la representación

Autores: Gèrard Wajcman
Silvia Tendlarz.
Alejandro Willington
Soledad Bentolila
Carolina Koretzky
Omar Torioni
Mariana Gómez

Mónica Mercado
Jorge Castillo Wargon
Diana Paulozky
Roberto Videla
Roger Koza
Jorge Assef
Víctor Bentolila

Diseño de tapa: Arq. Mariana Groisman
Corrección de textos: Lic. Soledad Bentolila

Arte y Psicoanálisis : el vacío y la representación / Gérard Wajcman...
[et al.] - 1a ed. - Córdoba : Brujas : Centro de Estudios Avanzados.
Universidad Nacional de Córdoba.

1. Psicoanálisis I. Wajcman, Gérard
CDD 150.195.

© Editorial Brujas
Edición2014.
Impreso en Argentina

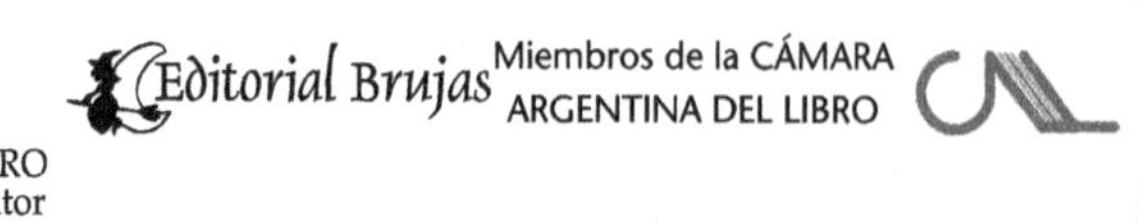

www.editorialbrujas.com.ar publicaciones@editorialbrujas.com.ar
Tel/fax: (0351) 4606044 / 4691616- Pasaje España 1485 Córdoba - Argentina.

Editorial Brujas

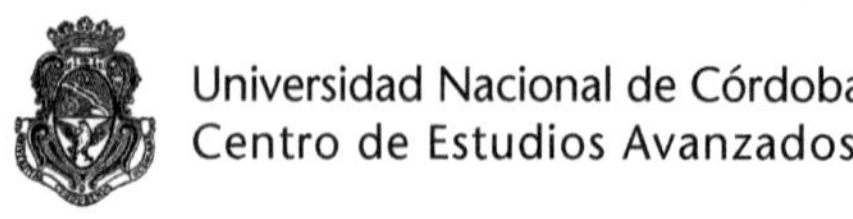

Universidad Nacional de Córdoba
Centro de Estudios Avanzados

Prólogo

El programa Psicoanálisis, Ciencia y Época, con asiento en el CEA de la UNC ha publicado un libro cuya matriz puede ser rastreada en el libro de Gérard Wajcman, *El objeto del siglo*. Este mismo autor, en el presente volumen, expone algunas ideas nodales de su pensamiento en cuanto a lo que el siglo XX y el XXI tuvieron como "hueso" o marca distintiva.

Los ensayos presentados en El vacío y la representación analizan desde distintas perspectivas esa marca vergonzante de nuestra época que fue la Shoá. Asimismo, algunos autores trabajan el problema del lenguaje, del referente, y sobre todo, el del divorcio entre la palabra y el mundo, partiendo de la expresión autística como soporte y resultado.

Intentando una mirada aguda y abarcativa, este libro ofrece un conjunto de reflexiones que exploran y bordean el debate modernidad / postmodernidad, asentando la posición del psicoanálisis y del arte en cuanto a sus posibilidades frente a las encrucijadas de nuestro tiempo.

Ricardo Forster

 Editorial Brujas

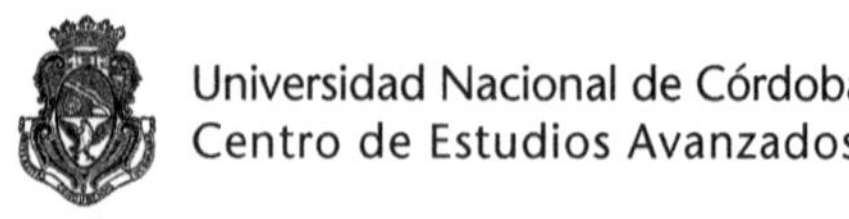 Universidad Nacional de Córdoba
Centro de Estudios Avanzados

PRESENTACIÓN

Este libro es el producto de un seminario sobre arte y psicoanálisis realizado el pasado año –2004– en el marco del Programa "Psicoanálisis, Ciencia y Época", del Centro de Estudios Avanzados de la Universidad Nacional de Córdoba.

Algunos de los ensayos, escritos o intervenciones publicados hoy son el resultado de la lectura de un texto madre que funcionó como motor de debate entre los miembros de nuestro grupo, a lo largo de 2003. Nos preguntábamos qué hecho, qué problemática o qué fenómeno podría ser ubicado como central en nuestro siglo XX, qué distinguía a esta época de todas las demás, cuál era la marca histórica insoslayable que todos nosotros como individuos del nuevo milenio, llevábamos como herencia, conciente o no.

Así, encontramos el texto de Gèrard Wacjman, *El objeto del siglo* en el cual el autor sostenía como tesis central la idea de que la Shoá como fenómeno social, político y ético, había sido ese objeto, casi imposible. Por cierto: un imposible de decir, un imposible de representar y paradójicamente, por lo mismo, imposible de soslayar. La Shoá había marcado nuestra época, impulsó la salida de la modernidad y la necesidad de una nueva forma de representar el mundo. Un nuevo idioma habría de surgir, un lenguaje inédito que, inaugural, abriera el paso a un vacío impensado, colmado de preguntas y a la vez de signos.

¿Y qué podía aportar el psicoanálisis a esa idea? ¿Porqué debía hacerlo? ¿Cómo encontrar un puente entre lo más íntimo del hombre, su propia vida interior, su deseo, su goce y lo que nos atañe a todos, como sociedad, como totalidad, como mundo?

Y así, llegamos al arte. El arte como transmisor de ese

imposible, el arte como la posibilidad de representación o como aquello que dice lo que no se puede decir, en palabras de Wacjman. El arte, que tanto toca lo individual como lo colectivo, la parte y el todo, "Uno y el universo", como nos decía Sábato.

En función de esta idea, organizamos una serie de encuentros en los cuales el arte se conectaba de distintos modos con el psicoanálisis, siempre atravesado por esa herida infinita que significó el Holocausto. El arte del siglo XX no puede ser pensado sin esa grieta, sin ese vacío oscuro presente para siempre en los anales del hombre.

Otros ensayos que se incluyen no fueron presentados en oportunidad del seminario: nos referimos a los escritos de Gèrard Wacjman y Silvia Tendlarz. Estos ensayos –inédito el de Wacjman, ya publicado electrónicamente el otro- fueron incluidos teniendo en cuenta que abordan de modo directo –es decir, sin intermediación del arte- el problema central que analiza este libro, la Shoá. El texto de Wacjman, además, retoma las ideas principales desarrolladas en *El objeto del siglo* y, de algún modo, introduce con una magistralidad y claridad meridianas la problemática a tratar.

La publicación de este trabajo, creemos, constituye un aporte al desarrollo del campo disciplinar del arte y del psicoanálisis, no sólo por la posibilidad de dar cuerpo a la actividad realizada, sino por la contribución de otros autores de relevancia nacional e internacional que desinteresadamente aportaron su pensamiento, su tiempo y su dedicación para la realización de este libro.

TRES IMPOSIBLES

Gèrard Wajcman

La cuestión de la historia, de la memoria, de la transmisión de aquello que fue lo propio del siglo XX, su hueso, toma hoy un carácter agudo. Como si este siglo suscitara un rasgo singular, remarcable a la vista de otros siglos: el miedo al olvido. Este siglo que acabamos apenas de dejar es el objeto de un frenesí memorial, inédito en la historia de los siglos y bastante inquietante. En relación a un siglo XX marcado en su centro por un rechazo de saber, por una voluntad de desviar la mirada, hoy, este miedo angustiado de olvido, esta empresa forzada del recuerdo parece próxima al síntoma. En definitiva, la reciente invención del *deber de memoria* no deja muchas dudas sobre el hecho de que, en verdad, es por esta vía que una marcha hacia el olvido se establece a partir de ahora. Se tiene el sentimiento de que pretendiendo recordar, nuestro tiempo se precipita a ordenar los funerales de un siglo que no cesa de acosarlo.

Es impresionante que el pasaje del siglo XIX al XX fuera marcado por la invención del psicoanálisis, es decir, por una práctica que apunta al levantamiento de la represión. Contra el olvido y el dolor del olvido, se trataba con Freud de reanimar en el sujeto un deseo de saber – él que *will prefer not to*. El pasaje del siglo XX al XXI está marcado por la invención del *deber de memoria*. Pero, lejos de favorecer el recuerdo, se revela ser en el fondo, un *pasaje institucional al olvido* para retomar la expresión de Claude Lanzmann. El Estado, la Historia organizan el trabajo de la memoria, se crean departamentos universitarios, se construyen institutos, se edifican memoriales, se instauran días de conmemoración. Pero elevar monumentos es, después de todo, y principalmente, una manera de organizar la *tumba del pasado*. Para

Freud, la memoria era un asunto de sujetos, ella es hoy un asunto de Estado, el Otro toma la memoria a su cargo, es decir que los sujetos son aliviados de esta última.

No obstante, el problema se complica hoy ya que parece organizarse el pasaje al olvido de acontecimientos que jamás hemos recordado verdaderamente, de los cuales nunca hemos tenido verdadera memoria. Salvo a partir de ciertos libros y obras. Libros y obras que muestran que, aparte de los criminales, únicamente las víctimas, los testigos directos de los acontecimientos han tenido, bajo diversos títulos, el saber de aquello que tuvo lugar. Las víctimas eran las únicas que sabían, pero éstas eran justamente las únicas que no podían testimoniar de su suerte. Otros testimoniaron en su lugar, tarde, difícilmente, dolorosamente. A pesar de todo, algo no se transmitió de las guerras y de las masacres del siglo XX. Como si un rasgo particular fuera enlazado a los grandes acontecimientos de este siglo, una especie de impedimento de transmitirlos enteramente. Habría en este siglo un déficit estructural de relato y de representación. Es lo real del siglo XX.

La memoria del siglo está afectada por los reales del siglo XX que son silencios del mismo siglo.

Las apuestas de la memoria son fundamentales. Éstas tocan a diferentes dominios: históricos, filosóficos, políticos. La cuestión del relato y de la imagen está allí implicada -lo que se puede decir y lo que se puede ver, lo posible o imposible a decir, lo posible o imposible a ver. Hay en todo acontecimiento algo de imposible. Derrida produjo con ello una suerte de definición del acontecimiento. Un acontecimiento es lo que llega[1]. Todo acontecimiento es entonces singular. Sólo es acontecimiento en tanto que es sin pasado. En este punto, el acontecimiento no puede ser predicho -un acontecimiento que pudiésemos predecir ya no sería un acontecimiento. Es por ello que un acontecimiento

---

[1] *N. T. "Un événement, c'est ce qui arrive". Arrive : pasa, llega, sucede.*

es imposible.

El acontecimiento no puede ser ni predicho ni dicho. Éste corta la palabra y toda representación. No quiere decir, sin embargo, que las deja desarmadas. Lo imposible del acontecimiento es, por el contrario, a partir de lo cual la palabra y la representación son llamadas: todo acontecimiento imposible impone una ética: lo que no puede ser dicho debe ser dicho, lo que no puede ser representado debe ser representado. Depende de cada sujeto el tomar partido. En el fondo, el psicoanálisis hizo de ello su propia ética, la del bien decir, la de una palabra que apunte a lo real, a lo imposible -el sujeto debe decir lo que no puede decir y que lo determina. Es también la ética de los testigos, que hablan porque algo no es dicho. Es también allí donde la cuestión del arte toma su lugar. Ya que si en este siglo hay algo de intransmitible, quizás es el arte quien tiene el poder de transmitir lo que no puede ni verse ni decirse.

La memoria del siglo XX es la de esos imposibles, ella está habitada por imposibles: a decir y a representar. Pero en la linde del siglo XXI, otro imposible se derribó un martes de septiembre por la mañana sobre dos torres de Manhattan.

La mirada del ángel

Arrastrado hacia el futuro al tiempo que permanece vuelto hacia el pasado, el Ángel de la Historia, con los ojos abiertos de par en par, que Walter Benjamin describía en el cuadro de Paul Klee[2] ("Angelus Novus", 1920) fijó, para nosotros, hoy, las entrañas ardientes de este siglo en medio de escombros, ruinas amontonadas que forman el largo paisaje del tiempo. Pero ningún sonido sale de su boca abierta. Sin duda éste queda impedido frente a lo que ve, a partir de lo que ve, *algo frente a lo cual su mirada queda pegada"* y que lo fija.

---

[2] BENJAMIN, Walter. "Thèses sur la philosophie de l'histoire", *Œuvres 2, Poésie et Révolution.*

Además de avanzar dándole la espalda al futuro, con los ojos vueltos hacia un pasado que se desarrolla al mismo tiempo en que se forma uniforme bajo su mirada -rasgos del ángel histórico sobre los cuales meditamos frecuentemente-, seguramente convendría prestar atención a eso otro, lo material y descuidado: es en una obra, en un cuadro y no en otro sitio donde Benjamin encontró su ángel filosófico. Ángel de la historia, es un ángel de pintura. La historia se sostiene en su mirada, pero la mirada que él porta sobre el siglo y sobre nosotros es entonces la mirada de un cuadro.

Podríamos sugerir que el sobrecogimiento frente a la *catástrofe*, que excede todo decir, se da a entender en el silencio de la pintura. También necesitaríamos mirar el ángel con la mirada estupefacta como el cuadro de todo un siglo.

Que el arte pueda ser el lugar donde más exactamente se transmite lo que del siglo XX desafía y deshace toda palabra en relación a toda representación –y que lo singulariza en la cohorte de los siglos– es ésa la idea.

Ángel asombrado frente al espectáculo de desastres del siglo XX, visto en el presente, de la *roar window* de un nuevo milenio, lo extraño es pues, que su mirada sin voz pueda ser también hoy la nuestra, mientras que para Benjamin, muerto en 1940, es hacia la primera parte del siglo que él se dirigía – el advenimiento del horror, próximo, estaba aún por llegar.

La cuestión debería ser: ¿qué vio el ángel para dejarlo asombrado?, ¿cuál es ese *algo frente a lo cual su mirada queda pegada?* Por un amplio sesgo, la respuesta está a cargo del historiador de arte. Mirada fija de un ángel pintado por Klee en 1920, es también el reflejo de un rostro sobre una armadura o sobre un ojo, cortesanas sentadas con los ojos perdidos a lo lejos, dedo de San Juan levantado hacia un horizonte fuera–de–límite. Tantas preguntas a responder por los historiadores del arte: ¿qué fija el ángel? ¿reflejo de quién o de qué? ¿qué muestra el dedo? El exterior del cuadro pertenece también al cuadro, como un marco exterior, invisible, donde el historiador debe *enmarcar*.

Pero otra cosa va más allá: después de todo, es la historia la que desfila bajo la mirada del ángel del cuadro. Frente a la pregunta de saber lo que, para Klee, el ángel miraba, a partir de ahora se superpone y se agrega la pregunta acerca de lo que el ángel fijaba en el momento en que Benjamin escribía a propósito de esta tela en 1940. E igualmente para nosotros hoy. Y así también para los tiempos futuros. El ángel fue pintado en 1920, pero su mirada está en el presente. Mirada incesante, ésta crea un presente perpetuo que es, en suma, el de la obra. El tiempo es parte de la obra inmóvil.

Mirada del ángel: fuera de la historia, él mira la historia. Fijo, pegado, crucificado sobre la tela, en su mirada es toda la historia la que se pinta.

Walter Benjamin eligió el ángel del cuadro de Klee como el Ángel de la Historia. En este punto, parece hacer del cuadro, de esta imagen, un símbolo, una alegoría -la Historia, como un Ángel con las alas desplegadas... Pero yo me pregunto si no sería necesario más bien darle la vuelta a la cosa y deshacerse de la idea alegórica para suponer otra cuestión: quizás todo cuadro es un ángel de la historia, su tela tirante como un ala abierta o una vela extendida viajando, inmóvil, en el soplo del tiempo, dándole la espalda al futuro, y su ojo bien abierto, cargado más allá del presente de una larga memoria. Todo cuadro, toda obra podría decir *"tengo tantos recuerdos que es como si tuviese mil años"* -a lo cual agregaríamos que ciertas obras tiene aún más que mil años.

El pequeño texto de Walter Benjamin acerca del cuadro de Klee no es simplemente un capítulo de sus *Thèses sur le concept d'histoire,* sino una tesis sobre el lugar y la función de la pintura en la constitución de la historia.

Hablando del ángel dice : *"Allí donde nos parece percibir una cadena de acontecimientos, él sólo ve una única y misma catástrofe".* Bajo un cierto aspecto, lo que se presenta como una tesis sobre la historia, exhibe al mismo tiempo una potencia considerable e inadvertida del arte: haciendo un cuadro, todo pintor pinta una mirada; todo cuadro, más allá de agregar lo visible a lo visible, colocaría al mundo bajo su mirada, y en esa misma mirada los tiempos del mundo, discontinuos, vendrían a conjugarse. Hay allí en suma una concepción, o una *visión* perspectiva de la historia en donde la unidad de un tiempo se forma en y por una mirada única.

No podemos entonces conformarnos con ver en la referencia de Benjamin a la pintura y al cuadro de Klee simplemente la metáfora de una *visión* de la historia, ya que podríamos decir que es precisamente en el ángel de Klee que Benjamin *ve* su visión de la historia. Considerando que allí no se trata ni de una revelación mística ni de un modo (método, proceso) retórico ni de un azar. Es que la historia para Benjamin se constituye precisamente en lo que yo llamaría una *perspectiva* histórica, a tomar seriamente en el campo de la óptica, es decir, que ésta implica una mirada. La pintura estaría implicada en la concepción de la historia en la tesis de Benjamin, porque la historia implica ella misma, para constituirse, una mirada en donde los tiempos dispersos a *nuestros* ojos vendrán a reunirse.

Un punto de mirada, a la vez transhistórica y fuera de la historia: lo que viene a ese lugar, exactamente, es el arte.

La obra de arte es mirada, mirada sobre el mundo. También, mirar un cuadro deviene, con lo que éste representa, mirar una mirada. De modo que la empresa de descifrar lo que un cuadro representa redobla la de descifrar el enigma de su mirada y de quien la pinta. Es lo que realiza Benjamin percibiendo en el fondo de los ojos del ángel un amontonamiento de ruinas donde se distingue el siglo XX.

Podríamos decir en cierto sentido que para Benjamin, la historia estaría estructurada como un cuadro, si tenemos en cuenta esta precisión: como ese cuadro de Klee, un cuadro que mira, el cuadro en tanto que él mira.

En el pensamiento de la relación entre el arte y la historia, se dejaría así de lado la idea un tanto débil del artista o de la obra testigos de su tiempo, por, en cambio, la idea de la obra mirada sobre el tiempo. Lo cual comporta la idea de un rol eminente del arte, ya que es en la obra, a través de ella, que se descubriría algo de nuestro mundo.

Nosotros miramos las obras, pero mientras las miramos, ellas, misteriosamente, junto a nosotros y más allá de nosotros, miran el tiempo y su curso. Si esto importa, es que, además de darnos a ver su rostro mirando el mundo, las obras nos hacen ver, ellas hacen ver otra cosa, otra cosa más allá de ellas, algo situado fuera de ellas, fuera de su significación y fuera de su propio tiempo. San Juan apunta su dedo hacia el cielo, pero es nuestro cielo gris y vacío lo que está sobre su cabeza. San Juan no cesa de apuntar su dedo hacia el cielo aun cuando Cristo ya haya venido y nuestro cielo de hoy sea el de la ciencia. Diríamos entonces que San Juan ya no muestra más nada, que su gesto es vacío y el cuadro no es más que una imagen fechada y petrificada, ¿petrificada en su fecha? El cuadro reúne su tiempo en el tiempo de cada mirada que se posa sobre él, y en él, esos tiempos múltiples se juntan.

Por ello, es necesario decir que el mundo y el tiempo del mundo, más allá de su mundo y de su tiempo propio, pertenecen a la obra, indiso-lublemente. El mundo y el tiempo del mundo son en suma el *fuera-de-campo* de toda obra, un *fuera-de-campo* presente en cada obra, en el presente. Toda obra de arte es una mirada alada que vuela hacia un futuro y arrastra con él lo visto, todo lo que ha desfilado frente a él. Nuestro presente está contenido enteramente en la mirada de este *Angelus Novus* venido del otro siglo y que no cesa de pasar hacia el futuro. El futuro es parte de la obra de arte. El futuro es un nombre del *fuera-de-campo* de la obra.

Dialéctica de la obra y del mundo, dialéctica del tiempo de la obra y del tiempo del mundo.

Hasta hace poco quizás hubiésemos considerado todo

esto en otros términos, hubiésemos hablado de contexto, de variaciones del contexto: con el tiempo, según las épocas, la significación de una obra variaría del mismo modo que un significante forzosamente varía en su significación según las variaciones del contexto. Pero aquí se trata de otra cosa y en cierto modo de lo contrario: son las obras las que hacen surgir nuevas significaciones, son ellas las que nos muestran; el dedo de San Juan que apunta nos hace ver nuestro presente, en ese sentido, le da sentido.

Hay allí, apuntada, una dimensión anacrónica de las obras. Una dimensión positiva y también de magnitud. Si yo digo que, para nosotros hoy, el ángel de Klee contempla, captado, las ruinas de Auschwitz, es una interpretación en cierto sentido fuera de toda razón, de la razón de Klee y también de la de Benjamin. Sin embargo hoy, posando los ojos sobre ese cuadro, ¿cómo no ver en esa mirada estupefacta que Benjamin veía fijada sobre el desastre, una mirada estupefacta en la contemplación de la tabla rasa de las cámaras de gas? En este sentido, hablando de Auschwitz, en realidad yo no me estoy librando a una interpretación de la obra –que la califiquen de anacrónica, salvaje o como quieran–, yo aíslo algo así como la potencia de la obra a mirar el mundo y a mostrarlo, simplemente yo vuelvo visible que la obra misma interpreta nuestro presente.

Es por ello que frente a su rostro estupefacto, me pregunto: lo que era para Benjamin el Ángel de la Historia, ¿no es el Ángel del siglo XX?

Lo que se llama la magnitud de una obra, podríamos situarla en su capacidad de recibir y de soportar, indefinidamente y sin conmoverse, las interpretaciones sucesivas, múltiples, diversas e incluso contradictorias -es el lado inagotable de ciertas obras que no cesan de maravillarnos. Pero es necesario ir un paso más allá y admitir que la fuerza de una obra es su propio poder de interpretación, potencia a interpretar el mundo y a interpretarnos, en la ocasión, a nosotros mismos (señalemos que si esto es así, esto asegura, sin alternativa, el fin del psicoanálisis aplicado).

Más aún, lo que hay que agregar entonces, es que todas las interpretaciones *de* la obra (deviene necesario y fructuoso jugar con la ambigüedad del *de*, entre subjetivo y objetivo), todas las interpretaciones pasadas, presentes y a venir, del pasado, del presente y del futuro, pertenecen a la obra, son parte de ella -es justamente la inteligencia aguda de una lógica tal que hace, sin duda, que encontremos en particular en el arte contemporáneo casos donde deberíamos concluir que la obra *es* su interpretación.

De ello, debemos concluir que las grandes obras nunca están acabadas. No por estar *no terminadas* sino porque, ellas, aun terminadas, se llenan de tiempos que ellas mismas atraviesan y se completan al infinito de interpretaciones siempre recomenzadas, que ellas suscitan o engendran. Aun terminadas, las obras son faltantes, no incompletas sino digamos *des-completas*, de una *des-completud* esencial e irremediable, pero felizmente, ya que es esto también lo que hace de una gran obra una obra incesantemente viva.

También, justamente por ello, las obras tienen una utilidad. Traídas eventualmente de lejos, las obras no cesan de develarnos a nosotros mismos nuestro propio presente. Y en un sentido, se podría sostener *en contrario* como un indicador de mediocridad el hecho de que la interpretación que una obra engendra sólo sea la interpretación de ella misma. Cuando una obra de arte no hace sino mirar y pensarse a ella misma, no permite mirar y pensar fuera de ella, no solamente ella no cumple su oficio, sino que se disuelve ella misma en tanto que obra de arte.

De por sí, esto no significa, no supone y no prescribe que toda obra, para acceder a cierta dignidad deberá tratar la cuestión del mundo y pensar el tiempo: por una parte es demasiado evidente que las obras que tienen esa pretensión son las más alejadas en haberlo conseguido, y a la inversa, aquellas que lo logran son frecuentemente las que nunca alimentaron tal ambición.

De más está decir que es en suma el Otro el que decide. Tal como Benjamin *decide* -evidentemente no como se le ocurre- del sentido de un cuadro figurando un ángel de grandes ojos abiertos, ¿quién sabe lo que Klee tenía en la cabeza mientras lo pintaba? Es claro en todo caso, que Benjamin no se garantiza en nada acerca de las intenciones de Klee para ver en su ángel mofletudo de grandes ojos, el Ángel de la Historia surgido en lo visible.

La ausencia de toda referencia sobre las motivaciones y pensamientos de Klee, ciertamente no impide el sostener la interpretación de Walter Benjamin como *verdadera*.

En un sentido, toda la interpretación de Benjamin se sostiene simplemente en esto: ese cuadro mira la historia. Así, toda la cuestión reposa en la capacidad que puede portar una obra de arte, un objeto, en devenir un arma interpretativa, y luego en la capacidad de alguien en *producir*, en el sentido de manifestar esta interpretación, de volverla visible, audible. Podemos señalar que nada demasiado diferente se juega en una cura analítica: de por sí, el poder de interpretación del analista no reposa sobre un saber que él poseería mágicamente acerca de su paciente: su capacidad está enteramente en ella misma, anudada al dispositivo mismo, en la transferencia, a *producir* la verdad, a producir así una verdad que el analista no posee. De esta forma entonces, cuando hablamos por ejemplo de la interpretación de los sueños, debemos partir de esto: que el sueño es él mismo una interpretación, y que el acto de interpretarlo consiste para el analista en *producir* esa interpretación, en el sentido de exhibirla, de volverla visible o más bien, dentro de lo visible, mostrarla.

Como en el cuadro de San Juan, se trata de mostrar, de apuntar con el dedo hacia aquello *fuera-de-campo*, *fuera-de-campo* del cuadro, quizás fuera del campo visual, y quizás también fuera del campo del lenguaje. San Juan-El-Intérprete.

Lo inexpresable y la guerra

En el arte, a través del ángel de Benjamin, la mostración está en el centro del planteo. La mostración hace también del arte una apuesta específica para la memoria del siglo XX.

Todo se concentra en esto: al igual que el ángel de Benjamin que, sin palabras, carga en su mirada los desastres del tiempo, la cuestión es saber si no es justamente en el silencio en que algo de lo esencial de este siglo puede transmitirse.

Formulado de otra manera: ¿acaso todo lo concerniente al siglo XX puede decirse?, y si no puede decirse todo, ¿acaso esto implica que nada de esto podría transmitirse?

Si todo esto no es arrastrado del lado de un yo no sé qué silencio místico, de lo sagrado, de la religión; si creemos, como yo creo, en las virtudes de las iluminaciones y del saber; si entonces lo que importa es que algo se transmita, lo más cerca, lo más verdaderamente posible, yo pretendo así que de la cuestión de lo que puede y de lo que no puede decirse se deduzcan las consecuencias para el arte, en el arte.

El siglo XX desde el origen parece marcado por un defecto de transmisión. Es curioso como este siglo, nacido en el ruido y en el furor -y que continúa más que ningún otro en el ruido y en el furor-, engendró el silencio. Para Benjamin, el siglo XX fue parido en el fracaso de las trincheras de la gran guerra, y justamente allí, un silencio nació, un silencio que en un texto sobre la narración ("Le narrateur - Réflexions sur l'œuvre de Nicolas Leskov"[3]) es elevado como un verdadero síntoma moderno, de lo moderno: deviene imposible narrar una historia. La narración habría sido desintegrada por esta guerra, en esta guerra. *"¿No hemos constatado, después del Armisticio que los combatientes volvían mudos del frente, no más ricos sino más pobres de una experiencia comunicable?"*.

---

[3] in *Poésie et Révolution*, (1971) Paris. Denoël LN.

Todos los soldados eran *"Bocas Rotas"*[4] que habían perdido sus lenguas. Shoshana Felman concluye: *"Lo que emergió del torrente de destrucciones, del torrente de explosiones, fue el mutismo"*[5].

Para Benjamin, algo se habría perdido, no solamente aquí, a causa de esta guerra, sino por los tiempos que se abrían, y que esta guerra abría. Con los soldados volviendo sin palabra de las trincheras, es todo el siglo el que saldría mudo de los campos de batalla. En el horror y el pavor, es la facultad misma de narrar lo que habría fracasado. La modernidad estaría marcada por una pérdida, la de la facultad de contar, de hacer un relato, de intercambiar experiencias, de expresar, de transmitir a través de la palabra. Silencio del siglo XX.

Paradoja del siglo XX. Con el furor y el ruido, con las bombas y los bombarderos, con los rugidos revolucionarios o el odio de las masas, con la invención del micrófono que amplifica, la de la radio que difunde y la del teléfono que comunica, con todo lo que el siglo ha podido inventar, que hizo de él el más ruidoso de los tiempos -sin duda el hombre ha conseguido hacer por vez primera más ruido que la naturaleza-, el siglo XX de los decibeles y de la comunicación habría inventado el silencio, silencio de una palabra faltante, en falta.

El silencio, ¿un objeto del siglo?

Para aclarar esto último propongo cruzar las observaciones de Benjamin sobre el mutismo con las de Wittgenstein, más precisamente con tres proposiciones de su *Tractatus logico philosophicus*:

"6.53: Sólo decir lo que puede decirse", *"7: Sobre lo que no se puede hablar, hay que callar"* *"6.522: Seguramente existe lo inexpresable. Este último se muestra"*

---

[4] N.T. "Gueules Cassées". Gueule: boca, pico, hocico.
[5] "Silence de Walter Benjamin", *Les Temps Modernes*, n° 606, nov/déc. 1999, pág. 7.

Retomemos siguiendo en sustancia las observaciones de Jean-Claude Milner[6]: está lo que puede decirse y lo que no puede decirse; sólo debe decirse lo que puede ser dicho; lo que no puede decirse, no hay que decirlo; y lo que no puede decirse, eso se muestra.

De paso, el psicoanálisis no está de acuerdo con la proposición de callar lo que no puede decirse; su ética comanda, al contrario, decir lo que no puede decirse -lo cual no significa someter al sujeto a un procedimiento de confesión, sino que se supone que hay un cierto anudamiento de lo inexpresable y del lenguaje, poniendo justamente en juego una dimensión de mostración del lenguaje mismo- el lenguaje muestra lo que está fuera de él, y que es lo que Wittgenstein encuentra en la última proposición citada.

Wittgenstein sitúa entonces dos órdenes: una oposición entre lo que se dice y lo que se muestra, según una doctrina que supone que lo que se muestra comienza exactamente allí donde se detiene lo que puede decirse. Es importante acentuar esto: esta doctrina de aquello que puede y que no puede decirse no es asunto de prohibición o de debate moral sino de estructura -existe lo imposible de decir.

Así, varias cosas nos llaman la atención. En primer lugar el encuentro entre Benjamin y Wittgenstein, un encuentro en el punto de cierto cese del decir. En Benjamin, éste parece darse a la vez como una impotencia y como una contingencia, incapacidad de los soldados sumergidos por el horror de poder testimoniar acerca de lo vivido. En Wittgenstein, en cambio, éste parece tomar la dimensión de un imposible propio al lenguaje mismo, situándole un límite, un borde. Así, lo que es propuesto por Benjamin como una contingencia histórica -la guerra habría engendrado el mutismo como un traumatismo-, vuelve bajo la forma de una tesis de orden universal y estructural: hay cosas que no pueden ser dichas con palabras.

Pero entonces, otro rasgo sorprende y es que este

---

[6] Dans une interview réalisée lors du Banquet du Livre organisé par les éditions Verdier en 1998 à La Grasse, et diffusé sur son sîte internet : Editions.Verdier@wanadoo.fr

inexpresable estructural y abstracto de Wittgenstein no es completamente abstracto de toda contingencia histórica: sin duda no es para nada indiferente que esta tesis haya nacido precisamente, físicamente en las trincheras de la guerra de 1914 donde Wittgenstein elaboró el conjunto del *Tractatus.*

Es en el infierno de una guerra, bajo las bombas, en el lodo, en el centro de cadáveres que esta tesis surge: existe lo inexpresable.

El *silencio* en Benjamin y lo *inexpresable* en Wittgenstein, ellos se conjugan en la guerra, e incluso se deducen tanto uno como el otro, de la guerra. A tal punto que casi tendríamos razón en pensar que el nombre propio de lo inexpresable podría ser precisamente: la guerra.

Pero corroboramos inmediatamente que la tesis *"la guerra es inexpresable"* es perfectamente inauténtica. En primer lugar, desde siempre la guerra fue objeto de relatos. Cuando Benjamin asegura que narrar una historia devino imposible y que Shoshana Felman dice que la primera guerra mundial es la primera guerra donde ya no es más posible narrar, esas afirmaciones no toman valor sino sobre el fondo de una literatura mundial que, lo sabemos (tomemos por ejemplo *La Ilíada y la Odisea*), por el contrario, parece casi nacida de la guerra, del relato de la guerra. Durante siglos y hasta el siglo XIX, el de las grandes novelas, es claro que la guerra se cuenta, que ella es un objeto de relato y es objeto de una transmisión. El campo de batalla es campo de lenguaje, en todo caso, hasta de la guerra de 1914. Y aún más, bien sabemos que existe una literatura nacida específicamente de esta guerra.

Conocemos el suceso de las *Croix de bois* de Roland Dorgelès en 1919, por no citar otros autores que nos vienen a la mente. También podemos imaginar, en cierta medida, que la importancia del *Voyage au bout de la nuit* de Céline (1932) reside en el hecho de que esta novela es entre tantas otras, por su escritura misma, la que mejor nos da una idea de la abyección de esta guerra.

Lo que queda aún así es que no podemos deshacernos del sentimiento, de que a pesar de todo y aún hoy, algo no se transmitió, en todo caso no directamente y tampoco íntegramente. Incluso si bien existen documentos cinematográficos, la gran ausencia de películas francesas sobre el tema (el primer gran film vendrá de otro lugar, de Kubrick, *Les sentiers de la gloire*), o el hecho que Griffith, enviado a Francia para filmar las batallas haya preferido volver a Estados Unidos para filmar las trincheras en un estudio, o aún otros hechos, todo esto parece ser el índice de una dificultad con la cual, nosotros aún hoy, estamos marcados. La realidad de esta gran guerra guarda una cierta opacidad, detrás de un velo visible donde algunos nombres -Verdun, Poilus, Camino de las Damas, taxis de la Marne… -, algunas fechas, vagos recuerdos de escuela y de conmemoraciones rituales tejen la trama. Como si aún no hubiésemos podido aprehender verdaderamente toda la medida del horror de esta guerra. Y de pronto, hoy, cuando la historia fáctica, política o militar ha sido hecha, que las causas han sido aclaradas, lo que estaba en juego, analizado y las consecuencias puestas al día, los historiadores se esfuerzan en volver sobre esta guerra para tratar de captar lo que parece escapar siempre a todos esos discursos, llamen a eso la violencia o el dolor.[7]

Los historiadores quisieran hacer una historia del dolor, como si, aun cuando los últimos sobrevivientes han desaparecido ya, nada habría podido hasta hoy testimoniar completamente lo que fue en verdad lo más real de esta guerra, el *hueso*[8] mismo de esta guerra, el miedo, las heridas, la angustia, el sentimiento de asco, la enfermedad, los sufrimientos, la violencia, en suma, todo lo que fue para los soldados, durante meses y años, el único contenido, para

---

[7] Se puede consultar en particular de Stéphane Audoin-Rouzeau y Annette Becker, 14-18, *retrouver la Guerre*, Paris, Gallimard, 2000, libro agudo que trata las cuestiones actuales de la historia a las que aquí hacemos referencia.

[8] N. T. Texto original: "Chair": carne, pulpa. En el uso corriente del español decimos: el hueso.

ellos, de lo que se llama *guerra*. Las batallas se narran, el heroísmo se narra, la muerte heroica se narra, ¿pero los cuerpos despedazados, el miedo, la asfixia, el asco, el sufrimiento?

Seguramente, todas las guerras engendraron sufrimientos, miedos, enfermedades, sin embargo algo de este *hueso* parece haber estado en exceso en esta guerra de 1914 en relación a las guerras del pasado. Este exceso sería la razón del silencio de Benjamin y de lo inexpresable de Wittgenstein.

Así, es necesario decir que Wittgenstein y Benjamin apuntan a un inexpresable o un silencio que tendría un nombre, no *la guerra* sino más bien *la guerra del 14*. Suponiendo de esta forma que es específicamente en esta guerra en la que se deshizo el lazo que anudaba la guerra y la muerte a la palabra que transmite. Pero especialmente, ¿en qué esta guerra redujo los sujetos al silencio?

Aquí sólo podemos formular sospechas. En primer lugar, vemos el surgimiento de la muerte en un tiempo en que, por la política o por la ciencia, se pensaba haberla excluido. Tal como lo revela Freud en *De guerra y de muerte. Temas de actualidad*, mientras que por un lado los hombres de antes del 14 habían querido olvidar la muerte, *eliminarla de la vida*, la guerra del 14 la trae brutalmente y a una escala propiamente inimaginable.

En el 14, nadie estaba listo para la hecatombe; cuatro años más tarde se cuentan cerca de diez millones de muertos. Las hecatombes de masa seguramente no son una novedad en la guerra, sin embargo se sabe que hasta ese momento la enfermedad mataba más que el combate, así, 14-18 será el primer conflicto en donde la muerte violenta es la primera causa de muerte en la guerra (la enfermedad matará uno de cada seis combatientes). Como lo dice Stéphane Audoin-Rouzeau y Annette Becker, la muerte cambió de forma en el 14. También es la violencia que alcanza niveles jamás antes conocidos, causando, además de diez millones de muertos, casi tres millones de heridos. Los cuerpos nunca habían sufrido tanto y en tal escala. En relación a los shocks brutales y breves característicos del *modelo occidental de la guerra* desde la Antigüedad griega, los momentos de violencia paroxísticos se alargarán, pasando de algunas horas a varias semanas o varios meses –la batalla de la Somme duró más de cinco meses, Verdun, diez. A pesar de la extrema brutalidad de las batallas napoleónicas, los soldados del Imperio podían hablar de *campo de gloria* para designar el lugar donde habían combatido. Es claro que ya no se puede hablar así después de Verdun o de la Somme. Más allá de los discursos oficiales, en el inmenso cataclismo de la guerra del 14 desaparece una retórica del heroísmo, del coraje y de la violencia guerrera. Pero más allá de la retórica, lo que desaparece es aquello que podía hacer de la guerra un objeto de discurso y de transmisión de una generación a otra –y más aún cuando es toda una generación de hombres jóvenes que es abatida, de padres actuales o de potenciales padres que no volverán.

El agotamiento de lo que se cuenta, se aúna en un rasgo que lo testimonia radicalmente: allí donde el heroísmo suponía el relato de las hazañas y en consecuencia de la referencia a un héroe, es decir, a un nombre propio, la guerra del 14 va a engendrar la invención de un heroísmo anónimo, honrado en la figura sin imagen del Soldado Desconocido.

Esto nos lleva a destacar allí un último punto importante. No es sólo el número sobrehumano de cadáveres que lleva a hablar de una dimensión inimaginable, industrial y propiamente inhumana de la guerra del 14. Es más bien el hecho que esta guerra no es ya una guerra de sujetos. Si la noción de ejército conlleva en sí una igualdad anónima, con la tecnologización de las armas, se llega a una deshumanización de la batalla que nunca antes había sido tan completa. Con los inmensos progresos de la potencia del fuego, el saber-hacer de los combatientes es reducido a muy poco. Escapar del fuego es una simple cuestión de suerte. El poder de la técnica deviene en esta guerra aplastante y lleva a los combatientes a ser, cada uno a su turno, los servidores esclavizados y las víctimas de esta tecnología asesina.

En ello la guerra en sí misma parece marcada por un cierto anonimato desde el momento en que los soldados son reducidos al estado de carne de cañón. Se podría decir que los sujetos están excluidos de la guerra. Como otro índice podemos señalar hasta qué punto la medicina militar, especialmente la psiquiatría militar va a desarrollarse a partir de los fenómenos de epidemias histéricas que van a estragar a las tropas – síntomas histéricos que los médicos traídos por los tribunales militares van a traducir en términos de simulación, cobardía, deserción o interés financiero. Pero de todas maneras es necesario medir que esas manifestaciones extrañas –parálisis de las piernas en los soldados de infantería, estrechamiento del campo de visión en los aviadores, etc. – son justamente manifestaciones del sujeto. Excluido de la guerra, él vuelve bajo la forma de síntoma. El gran despliegue de una sintomatología histérica en esta guerra debería pensarse a partir de la idea formulada por Lacan de que *"el inconsciente se cierra en tiempo de guerra"*: la eclosión de esos síntomas deja así suponer que numerosos soldados ya no se sentían más *en guerra*. Cuando el sujeto surge en esta guerra lo hace como *simulador, escondido*[9], *amotinado, cobarde, pacifista, traidor, insumiso*, y en el mejor de los casos *enfermo*.

Este anonimato de los muertos va a culminar en la invención francesa del culto a los muertos y, a la vez, del soldado desconocido. Invenciones que van a extenderse a otros países, sin importar que sean vencedores o vencidos. El monumento a los muertos deviene universal después de la guerra del 14. Se entiende bien que en la idea del soldado desconocido, el anonimato viene supuestamente a garanti-

---

[9] N.T. original: "planquer": esconderse para evitar un peligro. Término especificamente utilizado durante la guerra del 14-18 para designar un soldado escondido para evitar el frente.

zar al mismo tiempo el heroísmo de todos los soldados y el duelo común, pero podemos preguntarnos si esto no respondió también y principalmente al anonimato de la muerte de esta guerra donde los cuerpos devinieron carne sin forma y sin nombre en el fondo de las trincheras. Esta guerra de trinchera fue más bien un guerra de fosas comunes donde los jóvenes morían en el anonimato del barro.

Es decir que el soldado desconocido que tenía oficialmente a cargo la tarea de ayudar al duelo, pudo haber tenido, secretamente, un efecto casi contrario. Además de haber confiscado la vida por este anonimato, se habría confiscado la muerte, se habría así hurtado a la juventud la posibilidad misma de ser llorada.

Habría algo de esta guerra que empuja a llamarla *guerra sin nombre.*

En todo esto se disciernen rasgos que acribillan esta guerra con tal densidad que en parte la hacen escapar al relato, a la literatura. Son esos rasgos que el cine va a tratar justamente de captar, de poner bajo la mirada, por ejemplo en ciertas películas de guerra. Como si lo que escapa al relato, esa dimensión de lo inexpresable wittgensteiniano, abriera un espacio fuera de la literatura, al cine, o por el cine. Por otra parte, es notable que el cine vaya a tomar su espesor industrial justamente después de la guerra del 14.

Esto para nada significa que todo el cine deba situarse como un arte de par en par *wittgensteiniano*, alojado en esa parte fuera de discurso. Es claro que toda una serie de películas, de cineastas y de cinematografías enteras, no solamente reposa sobre el estrecho lazo con la literatura sino que además, en el entramado del cine con la novela se constituye, al contrario, el recubrimiento de lo que se dice y de lo que puede verse. Vía, en suma, anti-wittgensteiniana, es en parte una tendencia del cine francés. Mientras que el cine alemán, con el expresionismo, parece haberse construido sobre un modo *wittgensteiniano* donde lo visible y lo decible no sólo se presentan separados, sino que la imagen a la vez se muestra y muestra -frecuentemente en una mostración de monstruos- puras criaturas, criminales, robots, etc. -lo que es parte del orden. (En esto se tiene el sentimiento que, incluso hablando, una parte de ese cine es mudo, silencioso; y que a la inversa, incluso mudo, el cine francés es muy hablador)

Así, la fuerza de la tesis de Wittgenstein se sostiene no tanto en que ella definiría una norma, sino en aquello que deviene posible con esta tesis: el pensar la imagen y las artes visuales a partir de una articulación estructural con el lenguaje, sea bajo la forma de una separación o de una unión. Así deviene posible el pensar las artes según que éstas se jueguen en el plano de la disyunción entre lo que se dice y lo que se muestra, o que ellas tiendan a borrarla y a fundirse el uno en el otro. De forma tal que existirían artes y artistas de la disyunción, y artistas y artes de la conjunción. Al momento de reflexionar sobre el estatuto de lo visual en el siglo, la proposición 6.522 tiene, respecto a esto, las virtudes de una navaja de Occam o de un fundamento. A lo cual es necesario agregar que la disyunción del decir y del mostrar viene no tanto a definir, sino al menos a dar un marco general a la modernidad. Así, podemos establecer que esa disyunción rompe con las imágenes simbólicas a través de un arte fundado precisamente en la conjunción entre el decir y el mostrar al que la modernidad pone fin -la pintura del Renacimiento, por ejemplo, se sostiene en un espacio donde todo lo que se pinta puede decirse, y recíprocamente, lo cual funda también la posibilidad de una iconología panofskiana.

Se puede agregar entonces que no es por azar que la tesis de la disyunción del decir y del mostrar sea contemporánea al nacimiento de la modernidad en el arte. Cabe también decir, siguiendo las observaciones hechas acerca de las circunstancias de este nacimiento, que esta disyunción entre lo que puede y lo que no puede decirse se impone a partir de la guerra del 14 e incluso, en cierto sentido, de la guerra como tal.

Deviene así interesante preguntarse si la guerra del 14 no engendró una crisis de las imágenes. Porque después de todo, por las mismas razones que llevaron a Benjamin a decir que la guerra del 14 sería la primera guerra imposible de narrar, y que, a partir de allí, la modernidad estaría marcada por un déficit en la narración, también con fundamentos podemos preguntarnos si no ha devenido imposible hacer un cuadro (de la guerra del 14) y llegados a este punto, ¿qué podría a partir de ahora *hacer cuadro?*

En otro lugar yo señalé el valor del "Cuadrado negro sobre fondo blanco" pintado por Malevitch en 1915. Estaría bien ir un poco más lejos, medir el conjunto de los cambios, si los hay, que se produjeron en la pintura entre 1914 y 1918, poder evaluar, por ejemplo, con la navaja wittgensteiniana, la separación de Picasso y Braque. Si tratamos de reflexionar más allá de las lógicas históricas del arte, que piensan las continuidades y las rupturas en el seno del arte mismo, sería útil el preguntarse si se pinta igual en 1918 que en 1914, si se filma igual en 1918 que en 1914, etc., etc.

Mostrar lo inexpresable

Existe entonces lo imposible a decir. Ese imposible es lo real como tal, que se lo nombre muerte, crimen, guerra, sufrimiento, desaparición, horror, goce u otro nombre. Se podría concluir que ese real imposible constituye el Otro irreductible, exterior absoluto a toda representación.

Salvo que la ventaja de la tesis de Wittgenstein reside precisamente en el hecho de que ella conduce a dar vuelta enteramente esta lógica supuesta. Decir que lo que se muestra comienza allí donde termina lo que se dice, no es únicamente dar su lugar a la dimensión del arte sino es hacer de este imposible, del exterior absoluto a la representación, el corazón mismo del arte o, más exactamente, a lo cual apunta, lo que se podría llamar sí *corazón de blanco*[10]. A

---

[10] N.T. al modo de "tirar al blanco"

tal punto de poder decir que el arte tendría precisamente como objeto el mostrar ese real.

Que el arte apunte a lo imposible, imposible a decir y a representar.

Esto incitaría a ver y a concebir la historia del arte como la historia de los imposibles, la historia de sus propios imposibles, los cuales, es claro, han podido variar ya sea en el tiempo como en diferentes lugares y diferentes artistas -lo que fijaría al historiador del arte a una tarea: nombrar lo imposible de cada artista, por cada obra, nombrar lo real apuntado por el pintor, el escultor -si él lo apunta. Esto conduce a la siguiente observación: que lo inexpresable, lo irrepresentable, si bien constituyen un exterior del arte no son exteriores al arte, al contrario; lo irrepresentable o lo inexpresable son parte del arte, ellos forman una categoría del arte y no aquello que haría excepción.

En esto, ni las masacres de la guerra del 14, ni las cámaras de gas -de las cuales no solamente el horror parece desafiar cualquier representación sino que de hecho no poseemos imágenes directas de las mismas- se sustraen a la lógica de la representación. Desde ese punto de vista -sólo desde ese punto de vista- esto vendría en contra de la observación de Adorno sobre la imposibilidad de la poesía, del arte después de Auschwitz (esta observación demasiado trillada demandaría una atención más fina que la que se le acuerda habitualmente): no se trata de decir que el arte es, de todos modos, aún posible, sino que si nos orientamos por la idea wittgensteiniana, que lo que es imposible a decir se muestra, entonces, al contrario, es necesario concluir que no solamente el arte es necesario, que no solamente esto le fija incluso una ética, que él debe apuntar incesantemente a este imposible, sino aún más, que sólo el arte puede apuntar a este imposible -que sólo el arte, fuera de discurso, puede transmitir algo de un real irrepresentable.

A partir de allí podemos comprender como una necesidad que sea precisamente allí donde Benjamin designa un déficit moderno de la narración, una imposibilidad de contar, y de narrar los tiempos modernos, que Benjamin eleve un cuadro, el ángel de Klee como Ángel de la Historia, y su mirada de pintura como fábrica de la historia.

Esto basta también, yo creo, para barrer saludablemente las palabras confusas y generadoras de confusión, voluntariamente o no, que quisieran asimilar este *imposible* con yo no sé qué *impedimento* de la representación, y este *inexpresable* estructural con yo no sé qué *indecible* sagrado: con lo que nos tenemos que ver, no es con un impedimento de la representación, sino -siguiendo a Benjamin y lo que él dice del silencio- con lo que podemos llamar una *representación impedida*, representación impedida por su objeto mismo: *"estupefacta, desconcertada y suspendida"* como lo escribe Jean-Luc Nancy[11]. Señalando además que esta representación prohibida es ella misma un objeto de arte, que ella llama, que ella necesita justamente su representación.

Hay una exigencia a testimoniar sobre lo que no puede decirse. Testimoniar sobre lo imposible, mostrar lo que no se puede decir y representar. Es esto lo que asigna un lugar al arte. Una función de transmisión. Es lo que especialmente en el siglo XX asigna su lugar al arte del siglo XX, ya que ese arte se lo podría definir como un arte que, a través de las invenciones de las más diversas formas, habría hecho la elección de apuntar incesantemente al punto de imposible.

En este sentido, solamente en este sentido, las obras de arte pueden tomar la dimensión de ser testigos del siglo. Es decir, testigos no de lo que puede transmitirse y representarse de un tiempo (de allí la tarea volvería a la historia, al periodismo, a los documentales) sino al contrario, de lo que escaparía a todo decir y a toda representación.

Testigos, su palabra sería entonces un puro gesto: el de mostrar lo que deja toda palabra y toda representación impedida. En esto, las obras no dicen más nada, ellas se

---

[11] En la presentación de una conferencia dada el 24 de Ocubre de 1999 en el Museo memorial de los niños de Izieu.

despliegan en su pura presencia. Las obras de este tiempo hacen, verdaderamente, en el sentido fuerte del término, acto de presencia.

Imagen del siglo XXI

El crimen de las cámaras de gas trastornó el siglo, y cambió algo en las imágenes. *Shoah*, una película, lo mostró. Pero lo que cambió las imágenes fue el surgimiento, en la mitad de un siglo de imágenes, de un crimen absoluto, absolutamente sin imagen. Es la ausencia de imagen que acabó con las imágenes. Fue un real con el cual cada imagen debía contar a partir de ese momento. Con la shoá, la ausencia de imagen y lo imposible a representar eran parte, de allí en adelante, de la historia de las imágenes y de la representación.

El 11 de septiembre hizo surgir un nuevo imposible: imposible de no ver.

La shoá fue la noche y la niebla. Las cámaras de gas, la empresa de exterminación de los judíos, es un acontecimiento del cual la esencia es la destrucción absoluta, de los cuerpos, de los nombres, de las imágenes, de la memoria misma. Borrar todo un pueblo, borrar todo de un pueblo y borrar todo crimen, no dejar ninguna huella. En este sentido, lo que Claude Lanzmann lleva a término con *Shoah* va más allá de Jean-Luc Godard quien designa en la ausencia de imágenes de las cámaras de gas un error mayor del cine, un pecado original: *Shoah*, es la tarea propiamente impensable de representar lo imposible de su representación.

La shoá fue la noche y la niebla. El 11 de septiembre es el fuego y las cámaras de televisión.

El atentado del 11 de septiembre apuntando a las torres más visibles de la ciudad más visible del mundo, fue cometido a la hora en donde todas las televisiones van a poder transmitir las imágenes en directo. La masacre de tres mil personas en Nueva York no entra en el orden ni de lo indecible ni de lo imposible a ver. Al contrario: vimos todo, en directo, y es claro que todo fue hecho para que lo veamos, que veamos todo y que todo el mundo vea, el mundo entero. El siglo XX había sido afectado, en su corazón mismo, por un déficit de imagen, el siglo XXI está marcado desde su nacimiento por imágenes en demasía. Un *demasiado* de imagen.

Vimos todo, y lo que vimos tuvo el efecto de dejarnos pasmados. Imposible de no ver, nueva modalidad de lo imposible en el campo escópico. Aquí, nada escondido o irrepresentable: todo es visible, mostrado, la historia en directo. Por otra parte, esto excluye la posibilidad de negar el hecho tal como el negacionismo niega las cámaras de gas; la negación de este acto terrorista pasará por otro lado: por la tesis de que todo lo que vimos fue fabricado, una ilusión, un acto montado, una gigantesca manipulación, la potencia propiamente increíble de la manipulación deviene justamente la prueba más segura de la manipulación: sólo los americanos son capaces de tal puesta en escena.

No debemos descuidar que hubo, con este atentado en una ciudad, un atentado contra la ciudad, contra la imagen de una ciudad, capital de la modernidad y capital del mundo -*cosmópolis*, verdadera capital también de extranjeros, de inmigrantes-, atentado en contra de su belleza, contra una imagen universal, universalmente conocida e, independientemente de cualquier juicio sobre los Estados Unidos, universalmente querida. No es cualquier parte de Nueva York la que ha sido apuntada, y esto va más allá del símbolo de las torres, símbolo ligado a su función y a su nombre. No es necesario el psicoanálisis para suponer aquí, en este asesinato, el deseo de herir, a la medida de la visión fálica de Nueva York que tenía Céline, un odio atado a herir el orgullo de una ciudad y a castigarla: se envían los aviones como castigos que vienen de arriba para derribar las torres -blasfemias que pretenden rascar el cielo.

Tres mil personas y un pedazo de ciudad tachados del

mapa. Pero no es esto lo nuevo. Lo nuevo es que hayamos visto todo el crimen, porque han querido mostrarnos todo. El principio de este crimen es el dar a ver todo, que sea un espectáculo. Más aún: ese espectáculo era obligatorio. Se habló de la asombrosa proximidad con las películas hollywoodenses.

Pero no sólo hay proximidad, hay algo más, porque el alcance del acontecimiento no reside en el hecho de que la realidad superó a la ficción, sino a la inversa. El proyecto del crimen fue el de llevar la realidad a una ficción: reducir lo real a la imagen; ha habido la voluntad de transformar la gente, la ciudad, un país entero en película catástrofe; se les vino a decir a los hombres y a las mujeres de Nueva York, es decir a todo hombre sobre este planeta: *"ustedes sólo son ficciones y nosotros se lo vamos a mostrar reduciéndolos al estado de imagen de televisión"*. Aquí todo fue hecho con imágenes. Se habló de *cutres* y de aviones de línea, pero la televisión fue el instrumento esencial de los asesinos. No se trata del carácter hipermediático del crimen, de la dimensión *publicitaria* de todo atentado terrorista, sino de su profunda naturaleza visual. Su novedad atroz se sustenta en que se apuntó a transformar realmente la gente, los rascacielos, una ciudad entera en simples imágenes que se pueden desgarrar de un tijeretazo -como los *toons*[12] de *Roger Rabbit*, que se pueden disolver íntegramente de un *baldazo*. Se le quiso mostrar a América y al mundo quiénes eran los verdaderos Amos de las Imágenes; encuentro así un sentido al asesinato del Comandante Massoud perpetuado por la exposición a una camara oculta.

Con Nueva York, ya no se trata de la guerra que apunta a destruir los enemigos, ya no se trata de masacrar al semejante, no más osarios ni cuerpos gaseados o quemados para borrar un pueblo entero de la faz de la tierra. Aquí los hombres no fueron reducidos a un estado animal, a nú-

---

[12] N.T. Toons: Cartoons. Personajes de dibujos animados.

meros o a jabón: se los quiso reducir al estado de *comas*[13], esas *comas negras* a las que hacía referencia un testigo que tomaba un café en una terraza de Manhattan : *"Todo lo que puedo decirle* -decía a un periodista del diario *Le Monde- es que nunca más podré cerrar los ojos sin dejar de ver los Comas cayendo del cielo, esos cuerpos inclinados, como Comas negras, saltando de a docenas por las ventanas del edificio, frente a mi loft".* Esas *comas negras* son una imagen indeleble. Ellas son la verdad del crimen.

Dar una imagen a esta verdad, dar cuerpo a la imagen de esta lluvia de cuerpos humanos, a esas imágenes de la caída de nuestros cuerpos, se muestra en la potencia de la película de Alejandro Gonzáles Iñarritu, en la contribución de este director mejicano a la película colectiva *September Eleven*. Una pantalla permanentemente negra, por momentos aparecen en flash esos cuerpos que caen interminablemente a lo largo de las paredes de la torre, un flash y luego otro flash, hasta el momento en que las torres mismas se derrumban. Así, su caída parece la terminación inevitable de la caída de los cuerpos, como una pesadilla de la mitología del Occidente: la historia humana había comenzado en el Génesis por la caída simbólica del Hombre expulsado del Paraíso, es como si el 11 de septiembre se hubiese querido que esta historia se termine, en la caída real de los hombres y mujeres, y que ese mundo del pecado se desmorone en el desmoronamiento de los rascacielos.

La guerra del 14, las cámaras de gas, el 11 de septiembre de 2001, tres eventos, tres imposibles que habitan lo posible de hoy. Tres acontecimientos que quisiéramos conjurar como espectros que acosan este tiempo. Así, nos ensañamos con angustia a querer reenviar a la historia ese pasado espectral, a hacer pasar *lo que no pudo pasar* – William Faulkner definía así el pasado. Esos acontecimientos son los corazones reveladores de nuestra época. En nombre del *deber*

---

[13] N. T. texto original "virgule": coma, signo de puntuación. Utilizado según el contexto para hacer referencia a su forma pequeña y curva.

de memoria, nos precipitamos a anudarlos en el hilo de la historia donde todo se explica, donde todo se encadena, donde todo se aleja, donde todo se pierde. Mantener la presencia de los acontecimientos en nuestro presente, sostenerlos como aquello que trama nuestro día a día, son a veces ciertas obras las que son empleadas para este fin. A contracorriente de las empresas oficiales de la memoria, artistas y obras logran en su máxima potencia hacer pasar lo acontecido a los futuros sujetos y, a través de ellos, a lo inmemorial.

Traducción: *Carolina Koretzky.*

SHOÁ[1]

Silvia Elena Tendlarz

Bereshit

"Bereshit bará Eloim...". En el principio Dios creó los cielos y la tierra y esta creación trajo consigo de inmediato un problema insoluble: el mal, ¿es parte de Dios? ¿Por qué Dios quiere mi mal?

Acerca del mal, Semprún habla de la experiencia del *Mal radical*: *"El horror no era el Mal, no era su esencia... No era más que su envoltorio... Cabría pasarse horas testimoniando acerca del horror cotidiano sin llegar a rozar lo esencial de la experiencia del campo"*[2].

La idea de un *Mal radical* proviene de Kant, quien consideraba que residía en las máximas malignas –que difiere de lo moralmente incorrecto- y no en los deseos. El exterminio nazi dio la medida del mal del que nuestra época es capaz y del uso que pudo llegar a hacer de las *máximas malignas*.

La palabra hebrea *shoá* significa *devastación, catástrofe, arrasamiento,* y en La Biblia implica a menudo la idea de un castigo divino. Sin lugar a dudas resulta más adecuada que la de *holocausto.*Esta palabra trae consigo la significación de *"sacrificio supremo en el marco de causas sagradas"*, de *"ofrenda a Dios"*. Wiesel acuñó este término para nombrar al exterminio pero luego se arrepintió y hubiera querido retirarlo.

En esta triste historia no hay altares, sino más bien hornos crematorios y una industrialización de la muerte.

Giorgio Agamben indica que los procesos de los criminales nazis celebrados en Nuremberg y en Jerusalem –por cierto necesarios e insuficientes- contribuyeron a dar al

---

[1] Artículo aparecido en "Virtualia" (Revista de la Escuela de Orientación Lacaniana).
[2] SEMPRÚN, Jorge. (1995) *La escritura o la vida.* Barcelona, Tusquets.

tema por cerrado[3]. Pero el derecho no logró agotar el tema, y medio siglo después vuelve a emerger la necesidad de dar cuenta de acontecimientos que escapan a la razón.

La magnitud, la complejidad de lo acaecido impiden encontrar una explicación global. No obstante, no debe confundirse con lo inefable. Algo puede y debe ser dicho. La encrucijada es encontrar la manera de hacerlo.

Los Verdugos

En 1996 Daniel Goldhagen publicó *Los verdugos voluntarios de Hitler. Los alemanes corrientes y el holocausto*[4], convirtiéndose rápidamente en un fenómeno editorial.

Existen dos grandes tendencias historiográficas entre los estudiosos de la *shoá*[5]. La primera, tradicional, hace hincapié en el antisemitismo y en la figura carismática de Hitler como fuente principal del exterminio. La otra tendencia, en la que se incluye a Adorno y a Hannah Arendt, pone el énfasis en la racionalidad instrumental y burocrática del exterminio, y en el surgimiento de una ciencia racial. El debate suscitado por el libro de Goldhagen se sitúa en este contexto historiográfico.

Goldhagen examina por qué el exterminio nazi fue un fenómeno principalmente alemán. Postula una continuidad antisemita específicamente alemana que va desde el medioevo y desemboca en un espíritu de exterminio de los judíos que caracterizaba a cualquier alemán durante el período nazi. Los alemanes corrientes son incorporados a las filas de los asesinos, eliminándose así la clásica distinción entre los militantes nazis y la población civil. Su tesis separa a los alemanes del presente –fundamentalmente democráticos- de

---

[3] AGAMBEN, Giorgio. (2000) *Lo que queda de Auschwitz*. Valencia, Pre-textos.

[4] *GOLDHAGEN*, Daniel. (1997) *Los verdugos voluntarios de Hitler. Los alemanes corrientes y el holocausto*. Madrid, Taurus.

[5] Véase F. FINCHELSTEIN (1999) "El debate Goldhagen en contexto. Memorias colectivas y representaciones críticas", en *Los alemanes, el holocausto y la culpa colectiva*, Bs. As. Eudeba.

los del pasado.

A su entender, si bien sin los nazis y sin Hitler la *shoá* no se hubiera producido, sin el consentimiento, la participación y el apoyo de los alemanes corrientes en la persecución y matanza de judíos, el régimen jamás hubiera podido exterminar seis millones de personas.

Entre las críticas que suscitó este libro, tal vez la más atinada, es aquella que sostiene que si bien el exterminio nazi recayó fundamentalmente sobre los judíos, no se limitó al antisemitismo. Las víctimas comenzaron siendo también los propios alemanes que cayeron en las purgas de purificación racial: los discapacitados y los homosexuales, los bolcheviques y los opositores al régimen de distintas nacionalidades. Los gitanos, muchas veces olvidados de la historia, tuvieron el mismo destino que los judíos.

Del libro de Goldhagen podemos retener la argumentación que demuestra que los ejecutores del exterminio también fueron individuos corrientes, no monstruos asesinos. Entran en el asesinato masivo industrializado, en su maquinaria de destrucción, por un simple franqueamiento de lo que Primo Levi denominó *la zona gris*[6] –zona de irresponsabilidad más acá del problema del bien y el mal-, y H. Arendt tematizó al escribir sobre el juicio a Eichmann en Jerusalem al plantear la *banalidad del mal*[7]. Tal vez esto sea lo más aterrador de la llamada *Solución final*.

La figura extrema de la *zona gris*, dice Agamben, es el *Sonderkommando*, prisioneros obligados a conducir a otros prisioneros a las cámaras de gas, a revisar los cadáveres en busca de algún objeto de valor y finalmente a llevarlos a los hornos crematorios y de allí a las tumbas colectivas. Uno de los poquísimos sobrevivientes del último Escuadrón especial de Auschwitz (eran periódicamente asesinados para no

---

[6] Véase AGAMBEN, Giorgio. *Lo que queda...* op. cit., pág. 20. Véase de LEVI, Primo. *Si esto es un hombre* (1958), *La tregua* (1963), y *Los hundidos y los salvados* (1986), Barcelona, Muchnik editores.

[7] ARENDT, Hannah (1997) *Eichmann à Jérusalem. Rapport sur la banalité du mal.* Paris, Gallimard.

dejar ningún testigo de lo ocurrido) contó que había asistido durante una pausa de su *trabajo* a un partido de fútbol entre las SS y algunos *Sonderkommando*. Este partido, este aparente momento de normalidad, dice Agamben, es el verdadero horror del campo puesto que representa la cifra de la *zona gris*, marcando el despiadado contraste de un tiempo fuera del tiempo.

Sneth y Cosaka muestran que el dispositivo de industrialización de la muerte en los campos de exterminio permitía el anonimato no sólo de las víctimas sino también de sus verdugos, brindando así la ilusión de una disolución de la responsabilidad ya que con las cámaras de gas *"nadie mató en forma directa"*[8].

En el momento de la caída del Tercer Reich, los aliados se ocuparon de llevar sistemáticamente a la población civil aledaña a los campos para que vieran lo que afirmaban desconocer a pesar del olor particular que rodeaba a las cámaras de gas y los restos de la humareda de los hornos que esparcía el viento. El no querer saber, el amparo en la cadena de mando, los muertos sin nombre y sin historia, todo estaba armado para utilizar el subterfugio de la ignorancia para desresponsabilizarse de la barbarie.

Una de las tesis más importantes del libro de Sneth y Cosaka es que el nazismo no es el paroxismo del discurso racista, sino que consiste en el exterminio del discurso. Dedican un capítulo a demostrar cómo los eufemismos se volvieron un recurso fundamental del nazismo para *"utilizar el idioma a los fines del régimen"*. Este *Sprachregelung "designa los recursos lingüísticos que servían a la maquinaria del exterminio como lenguaje administrativo y como recurso de propaganda y ocultamiento, lo que permitía llevar a cabo las tareas de la matanza sin llamarlas por su nombre"*.

Se utilizaban entonces palabras y expresiones de signifi-

---

[8] SNETH, P. y COSAKA, J. (1999) *La Shoáh en el siglo. Del lenguaje del exterminio al exterminio del discurso*. Bs. As., Xavier Bóveda.

cado neutro o positivo para nombrar el terror y el exterminio[9]. Por ejemplo, la *"solución final"* nombraba el exterminio; *"tratamiento especial"* significaba matanza; *"abandono del lugar"*, desalojo o *"direccionamiento de la colonización"* designaba la expulsión de los judíos; el *"reagrupamiento"* nombraba a la deportación; *"judaización"*, la influencia pretendidamente desvastadora de los judíos; la *"zona judía de residencia"* eran los ghettos, y su expulsión se denominaba *"desplazamiento de residencia"* (hacia los campos de concentración o de exterminio, por supuesto); los *Sonderkommando* estaban obligados a llamar, bajo pena de muerte inmediata, *figuren* (marionetas), *schmattes* (trapos) o *stücken* (piezas) a los cadáveres; *völkisch*, que en el idioma político alemán significaba *"racista"*, se convirtió en sinónimo de *"antisemita"*, y suplantó así a *judenhass*, término anterior que significa *"odio a los judíos"*.

Todas estas expresiones estaban destinadas a desentenderse del crimen y eliminar así la categoría de verdugo por parte de los perpetradores.

Las leyes raciales creadas durante el régimen de Hitler acallaron las voces que entre los propios alemanes se escandalizaron ante los primeros episodios de violencia desorganizada contra los judíos, y dieron el apoyo legal y consensual del pueblo alemán a la persecución y a la matanza.

La ley de 1933 para la prevención de descendencia con enfermedades hereditarias (incluidas las enfermedades mentales y el alcoholismo crónico) produjo entre los alemanes 400.000 víctimas de esterilización obligatoria.

La búsqueda legal de la pureza racial encontró su apogeo en la Alemania nazi en 1935[10]. Las leyes de Nuremberg sobre la pureza de la sangre brindaron la estructura para la sanción de los decretos antijudíos subsidiarios de los años siguientes. Primero se segregó a los judíos puros; es decir, se distinguió entre los ciudadanos de ascendencia aria y los

---

[9] Véase ARENDT, Hannah. *Eichmann...*, op. cit., cap. 6: "La solución final: el asesinato".

[10] Véase KERSHAW, I.. (1999) *Hitler (1889-1936)*. Barcelona, Península.

de ascendencia no aria, y luego se centraron en la pureza de esa ascendencia. Bajo una aceptación generalizada, los judíos fueron considerados otra raza, antes de perder definitivamente su pertenencia al género humano.

La *cuestión judía* tuvo primero como solución la expulsión (lo que le valió su promoción a Eichmann, especialista en el tema[11]); la segunda solución consistió en la creación de los campos de concentración. En 1941 se encontró finalmente la *solución final* a la *cuestión judía*: su exterminio.

Los alemanes que se opusieron al nazismo, sus primeras víctimas, fueron los miembros del partido comunista alemán y luego los socialdemócratas. Los otros, los alemanes aparentemente no involucrados, los desentendidos, los indiferentes, los atemorizados, todos aquellos que con su silencio consentían o colaboraban sin proponérselo, ¿son menos responsables?

¿Cuál será nuestra mirada frente a estos acontecimientos? Lacan señala –a propósito del exterminio nazi- que *"la ignorancia, la indiferencia, la mirada que se desvía, explican tras qué velo sigue todavía oculto este misterio"*[12].

Testimonios

Primo Levi, como otros tantos, centró su supervivencia en el campo en la posibilidad de convertirse en testigo y hacer partícipe al mundo de los trágicos sucesos en los que se vio envuelto.

Entre los sobrevivientes existen distintas posiciones frente a lo acaecido que van del silencio al relato, del recuerdo a lo que difícilmente pueda llamarse olvido. Agamben distingue distintos tipos de testigos: los que encontraron formas literarias de dar su testimonio; los que simplemente hicieron partícipes al mundo de su infortunio y agonía;

---

[11] ARENDT, Hannah. *Eichmann...*, op. cit., pág. 115.
[12] LACAN, Jacques. (1993) *El Seminario, Libro 11: Los cuatro conceptos fundamentales del psicoanálisis*, Buenos Aires, Paidós, pág. 282.

y, la gran mayoría, los *"testigos de las cámaras de gas"*, que nada pueden decir. Primo Levi opone los que tuvieron el *"privilegio de sobrevivir"* al destino del prisionero común que no tenía ninguna posibilidad de hacerlo. Semprún afirma que fue atravesado por la muerte y se volvió un aparecido que regresó transfigurado. *"Pero no había –dice-, jamás habría supervivientes de las cámaras de gas nazis. Nadie jamás podrá decir: yo estuve allí. Se podía estar alrededor, o antes, o al lado, como los individuos del Sonderkommando".*

Entre los muertos y los vivos una tercera categoría surgió sobre todo en Auschwitz: el llamado *"musulmán"*. Así llamaban a los prisioneros que perdían toda esperanza de sobrevivir. Quedaban petrificados en sus necesidades básicas y deambulaban como muertos vivos. El nombre que recibieron fue por la similitud de sus movimientos con los de un árabe durante la oración. Bruno Bettelheim los volvió el paradigma de la reacción frente a las situaciones extremas, comparándolos con la retracción autista[13]. Los otros prisioneros los evitaban por temor al contagio. En realidad, ellos representaban el apogeo de la obra de destrucción nazi: la completa pérdida de la humanidad, la transformación de un *"punto de no retorno"*.

La masa anónima de los *"hundidos"* –como los llama Primo Levi-, incapaces de rebelarse, de tomar una actitud activa frente a los acontecimientos, no debe ser tomada, en un juicio apresurado, como consintiendo y entregándose servilmente a sus verdugos. De allí que dice: *"...Que somos esclavos, sin ningún derecho, expuestos a cualquier ataque, abocados a una muerte segura, pero que nos ha quedado una facultad y debemos defenderla con todo nuestro vigor porque es la última: la facultad de negar nuestro consentimiento".*

La llamada *"pasividad"* frente a la muerte en realidad traduce un estar *"entre dos muertes"* –según la expresión de Lacan-. Por un lado, muertos para una estructura civil que los toma como *shmattes* (trapos), *figuren*, *strüken*, sin nombre,

---

[13] BETTELHEIM, Bruno. (1992), *La fortaleza vacía* (1967). Barcelona, Laia.

sin cuerpos, seriados y numerados para una organización burocráticamente ordenada del exterminio, muerte simbólica que antecede el palpitar que se silencia a la espera de la muerte biológica.

Muertos ya por el exceso de dolor frente a la pérdida de los seres queridos, por el exceso de privación, por el terror continuo, por la humillación de seguir vivos, por el pesar sin futuro. Muertos por morir de tristeza cada día, por la sideración de un mundo sin condenas, donde lo extraordinario, el más allá del bien y del mal, se vuelve lo cotidiano.

La gran aporía ética de Auschwitz, dice Agamben, es que *"es el lugar en que no es decente seguir siendo decentes, en el que los que creyeron conservar dignidad y respeto de sí sienten vergüenza con respecto a los que la habían perdido de inmediato"*.

El exterminio

En Auschwitz no se moría, se *"producían cadáveres"*, según la expresión utilizada por algunos SS y también por Heidegger en una conferencia titulada "El peligro", dictada en 1949. En ella dice: *"¿Mueren? Perecen. Son eliminados. ¿Mueren? Se convierten en piezas del almacén de fabricación de cadáveres. ¿Mueren? Son liquidados imperceptiblemente en los campos de exterminio..."*[14].

Esta producción seriada es el apogeo de la deshumanización: cadáveres sin muerte, violación de la dignidad de morir, *piezas* producidas en un trabajo en cadena.

Michel Foucault propuso una explicación de la degradación de la muerte expresada en términos políticos. Indica que el racismo es lo que permite al biopoder establecer en la continuidad biológica de la especie humana una serie de cortes y jerarquías entre las razas. En 1937 Hitler formula un concepto biopolítico extremo: la necesidad de un *völkloser Raum*, un

---

[14] Citado por AGAMBEN, Giorgio, *Lo que queda...*, op. cit., pág. 76. Véase también AGAMBEN, Giorgio. (1998) *Homo Sacer- El poder soberano y la nuda vida*, Pretextos, Valencia. 3º parte: "El campo de concentración como paradigma biopolítico de lo moderno".

"espacio sin pueblo" (*Völk* designa a los judíos). El campo de concentración se vuelve una maquinaria biopolítica en un espacio geográfico determinado en donde la vida humana es llevada al extremo en que la muerte no es más que un epifenómeno.

La reducción de masas enteras a la función de excrementos es lo que caracteriza a la transformación del pueblo elegido, vía los hornos crematorios, en productos tales como el jabón. De esta manera caracteriza Lacan en 1963, no sin un dejo de ironía, la inclusión del hombre reducido a un excremento en el circuito económico[15]. Al año siguiente, en su seminario *Los cuatro conceptos...*, se refiere al *"drama del nazismo que presenta las formas más monstruosas y supuestamente superadas del holocausto"* y advierte sobre el resurgimiento de esta *"ofrenda de un objeto de sacrificio a los dioses oscuros"*[16]. En 1967 vuelve sobre esta cuestión enlazando la creciente segregación, el surgimiento del derecho de hacer trozos al cuerpo para el intercambio, con el surgimiento del *"niño generalizado"*[17].

Al comentar esta frase, Eric Laurent indica que la ignorancia de la muerte en forma distraída tiene un lado profundamente infantil, y que Lacan llega a indicar que *"el hecho de que no haya personas grandes se vuelve la señal de la entrada en un mundo de segregación"*[18]. Ese mismo año, Lacan vuelve sobre el tema de la segregación al indicar que *"nuestro porvenir de mercados comunes será balanceado por la extensión cada vez más dura de los procesos de segregación"*[19].

---

[15] LACAN, Jacques. *Seminario 10*: "La angustia", inédito, clase del 19 de junio de 1963.

[16] LACAN, Jacques. *El Seminario, Libro 11*, op. cit., pág. 282.

[17] LACAN, Jacques. "Discurso de clausura de las Jornadas sobre la psicosis infantil" (1967), El Analiticón 3 (1987).

[18] LAURENT, Eric (1999). "Hay un fin de análisis para los niños", *Hay un fin de análisis para los niños*, Bs. As. Colección Diva. pág. 36. A.-R. Najles retoma esta cuestión e indica que segregación es correlativa a la reducción de un sujeto al estatuto de objeto de manipulación por parte del mercado, que lo vuelve "homologable a cualquier objeto producido por la tecnología". Véase NAJLES, A. (2000) *El niño globalizado. Segregación y violencia*, La Paz, Plural editores.

[19] LACAN, Jacques. (1987) "Proposición del 9 de octubre de 1967 sobre el psicoanalista

La transformación del sujeto en mercancía, la pérdida del valor de la vida y su consecuente manipulación como objeto, franquea un límite de segregación sin retorno. Su forma más tenue, pero no por ello menos cruel, es la indiferencia, el desinterés y el olvido...

Lo que resta

Günter Grass dice que Auschwitz es un punto de ruptura, la humanidad y el concepto de existencia humana sucumben a un antes y un después[20]. Aunque se rodee de explicaciones, dice, Auschwitz nunca se podrá entender.

"Están delante de mí, abriendo los ojos enormemente, y yo me veo de golpe en esa mirada de espanto: en su pavor", escribe Jorge Semprún. Y continúa: *"Pero de este humo de aquí, no obstante, nada saben. Y nunca sabrán nada de verdad. Ni supieron estos, aquel día. Ni todos los demás, desde entonces"*. No obstante, continúa; *"Siempre puede expresarse todo, en suma. Lo inefable de lo que tanto se habla no es más que una coartada... ¿Pero puede oírse todo, imaginarse todo?"*[21].

Art Spiegelman, en el comic *Maus* que retrata el peregrinaje de su padre en los campos de concentración, cuando el hijo le pide que narre su historia, le hace decir de inmediato a su padre: *"¿Quién quiere oír esas cosas?"*[22].

Sobrevivir y recordar el punzante deseo de vivir, de volverse nuevamente un hombre entre los otros, acoger la pasión y el tenue paso de los días sin sobresaltos, sin selecciones ni funestos presagios. Simplemente vivir. ¿Cómo lograrlo en ese entonces y después?

Esta pregunta retorna en los sobrevivientes, en sus hijos, en sus nietos, y más allá de todos los involucrados,

---

de la Escuela" (1967), *Momentos cruciales de la experiencia analítica*. Bs. As. Manantial.

[20] *GRASS*, Günter. (1999) *Escribir después de Auschwitz*. Reflexiones sobre Alemania: un escritor hace balance de 35 años (1990). Bs. As. Paidós.

[21] SEMPRÚN, Jorge. *La escritura o la vida*. Op. cit.

[22] SPIEGELMAN, A. (1995) *Maus* (2 tomos), (1973). Bs. As. Emecé.

en aquellos para quienes la vida tiene su dignidad y el genocidio es el apocalipsis de lo humano.

La deportación, la inminencia de las cámaras de gas, el campo de concentración y el riesgo de peligro letal ininterrumpido producen un quiebre en el sentido de la vida. La manera que encontraron de sobrellevar esta fractura vital, de acuerdo a sus posibilidades subjetivas, entremezcladas con el azar, permitieron que algunos sobrevivieran. La salida del campo deja intacta la pregunta acerca del *"odio de Dios por la criatura"*, la inquietante e inefable pregunta sobre el deseo del Otro[23].

François Lyotard afirma que los sobrevivientes de los campos de concentración pueden describir y narrar lo que era la administración de la muerte pero no podrán decir la abyección del discurso al cual se los redujo. Dice:*"¿Cómo puede uno comunicar mediante la interlocución el terror de no estar destinado ya a nada o a nadie?"*[24].

¿Se trata entonces de un *acontecimiento sin testigos*? ¿Cómo evitar que lo inefable se vuelva una mística? El testimonio envuelve un imposible: lo real tropieza con lo imposible de decir y designa un tope a lo que puede ser dicho.

Agamben considera que aquellos que reivindican la indecibilidad de Auschwitz repiten sin darse cuenta el gesto de los nazis que consideraban que aunque quedase alguien para dar testimonio jamás serían creídos. Concluye entonces que la *"autoridad del testigo consiste en que puede hablar únicamente en nombre de un no poder decir, o sea, en su ser sujeto"*.

¿Qué puede ser dicho? ¿Qué quedará silenciado para siempre en las tinieblas de la desesperación del campo de exterminio, de los fusilamientos colectivos, de las impensables maneras de morir en lo cotidiano por hambre, debilidad, enfermedad o por simple ultraje? ¿Qué querrá ser escuchado

---

[23] Véase TENDLARZ, Silvia. "La prise du sujet par la guerre", Quarto 46 (1991).
[24] LYOTARD, François. (1998) *Los derechos de los otros*, S. Shute y S. Hurley (comp.), *De los derechos humanos*. Valladolid, Trotta.

sin ser degradado por las diferentes expresiones de indiferencia? ¿Qué querrá ser recordado sin metamorfosearse en los parques ecológicos de Berlín que cubren las antiguas dependencias de la Gestapo y de la SS o un Auschwitz transformado discoteca? Finalmente, ¿qué querrá ser dicho para que el horror genocida no resurja como un ave Fénix de las cenizas de un pasado vuelto futuro?

Nuestras voces son el coro que se alza hacia el mundo que pensamos crear. El porvenir existe en los intersticios de nuestro presente. Cada día nos volvemos responsables, sin saberlo, de los actos que vienen a nuestro encuentro. ¿Qué ética guiará nuestros pasos en la penumbra de nuestros juicios más íntimos? El silencio de lo inefable clama y se desgarra en su tormento. Transformemos el recuerdo en una advertencia para que sobreviva en nuestros corazones como la miseria y el espanto que nuestro tiempo logró inventar.

EL CORTE MODERNO Y EL PROBLEMA DE LA REPRESENTACIÓN

Alejandro Willington

Introducción a la problemática

Comencemos por una definición de representación como "diversos modos de aprehensión de un objeto intencional", y aclaremos que a lo largo de la historia del pensamiento ha tenido variadas acepciones. Ferrater Mora (Diccionario de Filosofía) considera los siguientes sentidos fundamentales: aprehensión de un objeto efectivamente presente, identificación de la representación como percepción, reproducción de percepciones pasadas, representaciones mnésicas, imaginación, o bien se las puede dividir en representaciones sensibles o eidéticas. Observemos que en ninguno de los usos anteriores se precisa si el término "representación" se refiere al acto de representar o al contenido de este acto. Los escolásticos proponían tal distinción al hablar respectivamente de "representaciones formales y de representaciones objetivas" (pág. 316). Digamos que a nosotros, lo que nos interesa subrayar es la presencia siempre, en estas variantes, de algún modo de vinculación más o menos "fija" del objeto y la idea; o, tal como define la representación un diccionario de psicología (Dorsch): *"término genérico empleado desde determinados supuestos teóricos para designar toda clase de reproducciones o imágenes [...]"* (pág. 701). Observemos que la noción de reproducción o semejanza es inherente a la definición de representación.

Freud utiliza el concepto de representación, ya que es con lo que cuenta a partir de los desarrollos de la psicología y la filosofía de su época, aunque haciendo un uso muy particular y novedoso de ésta, puesto que al escindir el aparato psíquico entre lo conciente y lo inconsciente, divide también a la representación: aquel término destinado a plasmar el objeto en lo psíquico queda escindido, barrado, por el hallazgo freudiano (por ejemplo, en términos de la metapsicología del 15, en el artículo "Lo inconsciente", en representación de palabra y de cosa). De esta manera, la cosa representada ya no será inmediatamente accesible para el sujeto, ya que es su representación la que Freud situará en el topos del inconsciente, en ese lugar inaccesible para el yo; será entonces necesario que una palabra se le agregue para que el sujeto pueda saber algo de eso. La separación de ambas nociones de representación es uno de los nombres de la represión, de la división estructural del aparato psíquico que alcanza a la representación. Lacan luego plantea, en cambio, que Freud debió recurrir a este concepto sencillamente por que la lingüística no había aún desarrollado el de significante. Él lo toma de Saussure, invirtiendo el algoritmo: el significante por encima del significado, y una barra operando entre ambos. El estructuralismo promueve el concepto de significante en su arbitrariedad y preeminencia sobre el significado, y separado de él: ninguna bi-univocidad entre ambos asegura una relación.

J. C. Milner trabaja esto en su fabulosa *Obra clara*. Partiendo de la clásica definición de Lacan de significante como aquello que representa al sujeto para otro significante, desprende una serie de tesis:

"1- un significante no representa sino para;
2- aquello para lo que representa sólo puede
ser un significante;
3- un significante sólo puede representar a
sujeto;
4- el sujeto es solamente lo que un significante
representa para otro significante.

Las tesis 1 y 3, tomadas en conjunto no son otra cosa que una definición de la cadena. Esta definición está enteramente contenida en la relación 'x representa a y para z'. La relación como se ve, es ternaria; se distingue por ello de la relación clásica de representación, tal como Foucault principalmente la había aislado (Las palabras y las cosas), y que es binaria; se distingue igualmente de la definición saussureana del significante, donde la relación de representación no desempeña papel alguno." (pág. 109 y 110)

Foucault se inspira, en el libro mencionado, en un texto de Borges: "El idioma analítico de John Wilkings", y se pregunta por una imposibilidad de nuestro pensamiento, que sale a la luz en el asombro generado por la taxonomía loca de una enciclopedia china que Borges allí nos describe[1]. Se trata de la perplejidad ante una clasificación que remite sólo a sí misma, a sus términos, y no a la representación de las cosas en una realidad aparente; sólo a la pura arbitrariedad de su sistema. Foucault agrega: *"[...] el análisis ha podido mostrar la coherencia que ha existido, todo a lo largo de la época clásica, entre la teoría de la representación y las del lenguaje [...]. Es esta configuración la que cambia por completo a partir del siglo XIX; desaparece la teoría de la representación como fundamento general de todos los órdenes posibles, se desvanece el lenguaje en cuanto tabla espontánea y cuadrícula primera de las cosas, como enlace indispensable entre la representación y los seres; una historicidad profunda penetra en el corazón de las cosas [...]"* (pág. 8).

La noción de historia aparece tanto en Foucault como en Lacan. Ambos recurren en algún momento a ella, y esto es así para introducir el concepto, a través de ella, de corte; punto en el cual los autores divergen. Al respecto, dice Milner sobre Foucault, que *"ni siquiera es seguro que haya aceptado el axioma de la existencia de cortes. O, más bien lo aceptó para disolverlo de inmediato en una familia de problemas. [...] El programa de Foucault construye así una tipología general de todos los cortes discursivos posibles [...]"* (Pág. 83). Para Lacan hay sobre todo un corte que importa, es el que inaugura la aparición de la ciencia y el comienzo de la

---

[1] *"los animales se dividen en a] pertenecientes al emperador, b] embalsamados, c] amaestrados, d] lechones [...]"* (BORGES, Jorge Luis, citado por FOUCAULT, Michel)

modernidad. Apoyándose en las tesis historicistas de A. Koyré, hace valer el giro galileano, la matematización de lo real, como inaugural para el sujeto moderno. El mundo en adelante estará tejido, intrínsecamente, por el número. Es la instancia de la letra o número, en lo real para la ciencia o en el inconsciente para el psicoanálisis, lo que la ciencia y el psicoanálisis pretenden descifrar; y lo que el arte hará surgir en su mismísimo sin sentido, en la *indigencia* de sus símbolos, tal como se expresa H. G. Gadamer.

Éste, en *La actualidad de lo bello*, tiende, desde una perspectiva, clásica si se quiere, un puente entre las orillas que el corte moderno separa, apelando a una universalidad del arte, claro está, sin dejar de analizar la ruptura moderna y planteando algo así como tres tiempos en la historia del arte occidental: El griego o clásico, en donde la forma es revelación de lo divino; el cristiano, en donde la verdad anuda iglesia, poder y sociedad; y el moderno, en donde la creación artística se separa de la forma y la verdad con-textual, *"se ve forzada a proclamar la textualidad de su verdad"* (pág.14, prólogo de Rafael Argullol), o incluso un arte sin verdad. Este autor sitúa a la función del arte como aquella que capta la permanencia en lo fugitivo, es decir, propia-mente la función del símbolo y de lo simbólico en todos los lenguajes artísticos. En este punto aborda el corte que nos interesa, preguntándose: *"si se trata de un arte cuyo lenguaje, vocabulario, sintaxis y estilo están tan singularmente vacíos y nos son tan extraños, o nos parecen tan lejanos de la gran tradición clásica de la cultura, ¿qué es lo que propiamente reconocemos? ¿No es precisamente el signo distintivo de la modernidad esta in-digencia de símbolos, hasta tal punto profunda que, con toda su fe jadeante en el progreso técnico económico y social, nos niega justo la posibilidad de ese re-conocimiento?"* (pág. 114) Remarquemos una serie de puntos que aquí se señalan y que problematizan esta ruptura entre el arte clásico y moderno.

Lo fugitivo forma parte de la "cosa moderna", y por ende el arte debe hacerlo emerger. Los *ready made* no parecen destinados a la eternidad, incluso en ciertos artistas encontramos obras destinadas explícitamente a desaparecer, presentando una pura nada que resta del monumento ausente[2], y que desafía la concepción universalista de Gadamer del arte –esto es, que *"en el momento vacilante haya algo que permanezca"*. El arte va resignando su cariz sublimatorio, y va asumiendo el sesgo de presentar un vacío de un modo descarnado, se podría decir, un ojo hacia lo real. El símbolo puesto al desnudo, en su *indigencia*, sin un manto retórico o imaginario, casi diríamos en su ilegibilidad primera, es una característica claramente moderna, por lo que Gadamer advierte: *"Es menester aprender, primero a deletrear cada obra de arte, luego a leer, y sólo entonces empieza a hablar. El arte moderno es una buena advertencia para el que crea que, sin conocer las letras, sin aprender a leer, puede escuchar la lengua del arte antiguo"*.

Gadamer trabaja también con la idea de la autoreferencialidad del arte moderno, remarcando que su carácter lúdico dominante es su consecuencia, *"La esencia del juego es el automovimiento, la de lo simbólico sería el autosignificado."* (pág. 22, prólogo de Rafael Argullol). Desde una perspectiva psicoanalítica, se debería tener alguna reserva en este punto, ya que, la puesta en primer plano del arte como lenguaje no implicaría, necesariamente, una consecuente postura autística, sino por el contrario la posibilidad de hacer emerger su objeto de otra manera. A través de esta indigencia de sentido, de esta aparente ilegibilidad que el arte moderno nos presenta, vemos una condición o un efecto al que los artista deben recurrir para plasmar lo que la cultura moderna imprime. Ya no es lo bello lo que fundamentalmente preocupa al arte, sino algo en torno a una verdad, como decía Gadamer, que apunte a lo real; y lo real, nos lo enseña Freud, presenta habitualmente como primer rostro el horror[3].

---

[2] Por ejemplo J. Geerz, cuyos monumentos son bien descriptos en *El objeto del siglo*, por Gérard Wajcman.

[3] *"mirar más allá de la imagen, mirar más allá de lo soportable [...] Es curioso, pero casi deberíamos decir que, en las antípodas del pasado, hoy el arte es quizás justamente una*

Digamos, pues, algunas palabras sobre las particularidades de este arte moderno[4]. Se insiste, en general, en que jamás fue tan brutal la reacción de una época y sus vanguardias, ni tan hondo el abismo o la ruptura con la tradición, como a comienzos del siglo XX. Podríamos enumerar una serie de ejemplos que hablan de esa ruptura: en escultura se traza un arco que se podría esquematizar como "del monumento al *ready-made*": La noción de escultura, sus fundamentos, como su finalidad vacilan a través de una puesta en cuestión de los principios mismos de su elaboración. Del sujeto de la obra a la obra como sujeto, de la negación de su estatuto conmemorativo a la constitución de su lenguaje propio, la forma en el espacio no es tanto la expresión de cualquier maestría técnica y estilística sino más bien una redefinición de sus reglas y de su funcionamiento.El trabajo de las vanguardias halla una fórmula muy precisa en la definición de Rimbaud: *"traficar lo desconocido para encontrar lo nuevo"*. Matisse, por ejemplo, refiere sobre

---

de las pocas cosas que no viene a traernos una pizca de consuelo" (G. Wajcman).

[4] Al respecto, a su vez, extractemos del texto de Wajcman, un párrafo en donde ubica con claridad el denominado giro moderno: *"Se lo puede situar en relación con el abandono de la perspectiva central, con el fin del espacio ilusionista –con Cézanne; o por el lado de la indiferencia hacia el tema – y con Manet; o por el lado del estallido de la imagen y del punto de vista – con Braque y con Picasso; o por el de la liberación del objeto, 'de ese lastre que es el objeto'- según la frase de Malevitch; o por relación con el dinamitado de la noción de Arte- y con Duchamp; etc. [...] Hasta el punto de poder sospecharse que las cuestiones de lo moderno en general y de la semejanza estarían íntimamente ligadas, un nudo que no tendría nada de fortuito. Como si el surgimiento moderno en tanto tal debiera estar marcado, forzosamente, por un desgarro de la semejanza."*

Lo moderno como concepto resulta para Lacan de su lectura del epistemólogo A. Koyré, como: *"[...] referible a lo que hace posible la física galileana –la ecuación moderna pone en correlación lo moderno con la ciencia matematizada,- podemos plantear que, traducido lapidariamente al lacaniano, el cuño moderno se debe al surgimiento de la matemática como la del significante puro, en tanto que este: primero, no quiere decir nada, y segundo, no se asemeja a nada. (Esta condición de ser extra imaginario habrá alentado sin duda a Lacan a preferir el término significante al de símbolo que, si responde a lo primero, contraviene en general en lo segundo al conservar adherencias en la imagen [...] Podríamos decir en suma que el significante es un símbolo que no se asemeja a nada). Aquí está, pues, la ciencia como moderna cruzándose con el arte como moderno en ese punto donde, para cada cual, el título de 'moderno' se sostiene en un desgarro del sentido y de la semejanza."* (pág. 167-8-9).

su "proyecto": *"Es propiamente la búsqueda del absoluto. Y sin embargo, extraña contradicción, este absoluto está limitado por lo que hay en el mundo como más relativo: la emoción individual".* Vale decir, la irrupción de lo individual, lo subjetivo, a través del arte. El mismo Matisse produce una definición del espacio en su pintura que claramente se distingue del principio de representación o semejanza de la noción clásica: *"Si he podido reunir en mi cuadro lo que es exterior, por ejemplo el mar, y lo interior, es que la atmósfera del paisaje y aquella de mi habitación no son sino una..."* (Blistène Bernard, *Una historia del arte del siglo XX*). La geometría que postula ese exterior que es interior no es justamente la euclidiana, sino otra que anticipa los usos que podrá hacer Lacan de diversas figuras topológicas para obtener el mismo efecto.

El ejemplo paradigmático de "movimiento artístico" de vanguardia del siglo XX es el surrealismo. Tanto en su origen como en su fin deja ver un espíritu de rebelión y ruptura con la tradición y hasta con el arte mismo, y que de alguna manera muestra en su historia, al final, la impotencia de una empresa que termina agotándose en sí misma. Para Raúl Gustavo Aguirre: *"El surrealismo es probablemente el movimiento literario y artístico de mayor significación en el siglo XX, no sólo por las obras que de él derivan directa o indirectamente y los problemas sobre los que replanteó y profundizó la discusión, sino también porque en cierto sentido resume y abarca los movimientos que le precedieron a partir del romanticismo, de cuyo aspecto individualista y subjetivo puede considerarse una culminación."* (pág. 80).

A poco de leer su famoso manifiesto y captar el espíritu del surrealismo, percibimos la influencia decisiva del psicoanálisis en él, casi podríamos considerarlo como una suerte de retoño del psicoanálisis en el campo artístico. En palabras de Aguirre *"Las teorías freudianas en particular, suministraron a Breton una solución provisoria que implica por otra parte la superación del nihilismo de Dada: ya que ha sido derribado el muro que separaba, antes de Freud, la vida conciente*

*de la inconsciente, la vida íntima de la vida pública, el ensueño del
pensamiento lógico, la poesía debe ser un medio de conocimiento
a la vez que un medio de acción. Y la única manera de lograrlo es
dejar que se manifieste 'el huésped desconocido' en toda su realidad.
A la teoría de lo inconsciente corresponderá la noción surrealista
de escritura automática."* (pág. 82). Recordemos que uno de
los puntos que figura en el manifiesto expresa que *"Todos los
seres humanos son poetas a partir del momento en que aceptan
ponerse bajo las órdenes del subconsciente"* (pág. 83).

Avancemos entonces sobre lo que fue la crisis del surrealismo y con él del sueño de la vanguardia, tal como lo
consigna Blistène en su texto: *"en los años treinta, publicando
un segundo manifiesto, Breton amonesta y excomulga. Asigna a
la poesía una función prometeica. Frente a él, Georges Bataille
y aquellos que se han reunido denunciando su moral 'icariana'
e 'idealista'. Si ellos consideran única su experiencia en materia
de 'arrancamiento del hombre de él mismo', ellos ven en adelante
en Breton un 'cadáver'. Para el autor de* La parte maldita, *la
creación no vale sino para la rebelión inconclusa que ella inerva:
'Invito, escribe Bataille, cualquiera siente aún que ante todo hay un
chorro sangrante en la garganta, a escupir conmigo a la figura de
André Breton'. Rechazando asimilar el surrealismo al marxismo,
Breton rompe en seguida con el partido comunista, mientras que
ciertos amigos suyos devienen sus representantes.[...] Nacido de
la rebelión heredada de Dada, se encuentra dislocado sin haber
'cambiado la vida'. Como apostasía, el surrealismo ingresa en una
diáspora. Breton se va de Francia a New York en 1941. Así, en su
'contradicción activa', antes de reinventarse en miles de pedazos
infinitos, el surrealismo, si no pudo cambiar la vida puede, esta
vez aún, para retomar la palabra de Julien Gracq, 'pasablemente
oxigenarla' "* (pág. 70).

El cruzamiento entre vanguardias artísticas y psicoanálisis se ejemplifica muy bien con el debate que se suscitó
en torno a lo que se llamó el arte bruto, el arte de los locos,
tema trabajado por este mismo autor en el texto *La escena y la
excepción. Escritura y Psicosis.* Jean Claude Maleval lo trabaja,
a su vez, en un excelente artículo "La función del escrito

en la psicosis". Comienza por una observación histórica: sería necesario pensar porqué los psicóticos serían "fundamentalmente creadores". Una serie de giros históricos en el discurso de la psiquiatría fueron necesarios para llegar a enunciar y aceptar esta posición del psicótico. El autor sitúa como el punto generador de este giro al discurso freudiano: *"[...] al discernir que el delirio constituye una tentativa de curación, el descubrimiento freudiano revela "el degenerado" como una construcción nacida del miedo. Allí donde no se descubría antes sino un déficit mayor del entendimiento, el psicoanálisis subraya la existencia de un trabajo creativo elaborado. Hacía falta que se opere una revolución copernicana tal para que del arte de los "locos" devenga el arte bruto. Así los primeros estudios dirigidos sobre los trabajos originales de los artistas psicóticos no aparecen sino en la estela del movimiento freudiano"* (págs. 89 –98).

Es con la emergencia del discurso psicoanalítico que este cambio de perspectiva en relación a la locura toma otra consistencia y logra sostenerse sobre bases conceptuales sólidas, fundamentalmente en lo que concierne al lugar otorgado al sujeto psicótico y a sus producciones. Sin embargo, tal como lo demuestra Philippe Artière, el cambio en la mirada psiquiátrica sobre el loco es anterior a la emergencia del discurso analítico, tal como lo observamos en una serie de publicaciones que él recorta de la revista "L'Encéphale", revista de enfermedades mentales y nerviosas llamada "Los alienados pintados por ellos mismos", publicación a cargo del joven psiquiatra Emmanuel Régis. Artière dice que *"allí se dibuja el fin de esta mirada médica sobre la escritura y se esboza una nueva aproximación a este objeto"*. Analiza el gesto de Regis como produciendo *"una confianza ilimitada en el escrito como lugar de la verdad"* -y en consecuencia en la palabra del loco- y a la vez producido por la intrusión de otro discurso en el centro del saber psiquiátrico: el discurso literario. Para el autor, la *"empresa de Regis"* no se fundamenta sólo en un afán científico, sino también en un *"horizonte estético. [...] Se trata de dar a leer una antología de bellos textos"* (pág. 249).

Paralelamente a esta reconsideración de la verdad en

el texto del psicótico -en términos de Artière: el pasaje en la concepción del sujeto no como un caso sino como un autor-, observamos la emergencia de una serie de textos psiquiátricos centrados en el estudio de la ciencia del lenguaje:

- Luys y Courtade sobre la afasia ; Luys estudia *Las impresiones de un bebedor de opio*, *El mundo de los abismos* de Honorine Mercier, y la *Confesión de un psicasténico*;
- Parrot publica *Poesías de un perseguido*;
- Capgras estudia los *Escritos y poesías de un demente precoz*;
- Massonet, Maillard y Lande estudian la escritura en espejo;
- Marbe y Reiss la agrafia.
- Dubuffet, después de la segunda guerra mundial, es quien sostiene una gran empresa de valorización de lo que él llama "el arte bruto".

Finalmente, en relación a la tesis de Artière -que la valorización estética de las producciones de los pacientes psicóticos opera una *"reconciliación con el orden de la cultura"* y asigna un nuevo lugar al sujeto que ha creado estas producciones-, digamos que evidencia una fascinación por el "arte bruto", que en cualquier psiquiatra, filósofo, historiador o literato es aún insuficiente para sostener un discurso y una praxis que efectivamente impliquen un lugar nuevo para la psicosis. Podríamos pensar en la violencia y la ignorancia de la lógica de la psicosis que han implicado tentativas de borrar la nosología en función a criterios estéticos, o incluso ideológicos; por ejemplo en la antipsiquiatría. Al respecto, Lacan es claro cuando subraya (Seminario 18, clase 7) que si bien las vanguardias progresan en un determinado borde o litoral, ellas no son suficientes para sostener lo que muestran, lo que hacen emerger, ellas no "prueban" nada, solamente muestran la fractura que un discurso puede producir y sostener. Es solamente a partir de la reintroducción por el psicoanálisis del sujeto forcluido por la ciencia y su inserción en una experiencia y una disciplina de características "científicas", que podremos captar la lógica subjetiva en su texto, sin agregar prejuicios ideológicos o estéticos.

Dos textos psicoanalíticos son particularmente apropiados como modo de entrada a la temática del arte en su relación al psicoanálisis: de François Regnault la conferencia titulada *El arte según Lacan*, y de Gérard Wajcman el libro *El objeto del siglo*. El primero, desde una perspectiva más clásica en la lectura de Lacan, nos permitirá pasar revista a las referencias lacanianas tradicionales, incluso repartidas según las diferentes disciplinas artísticas. El segundo, con un sesgo más original, interroga de lleno al arte contemporáneo, y nos abre la vía hacia una lectura del arte y sus objetos, poniendo en el centro el problema del holocausto, la *shoá*, tema que será abordado más abajo.

Regnault centra su conferencia en los desarrollos que Lacan hace en el seminario 7, *La Ética del psicoanálisis*, sobre el tema. Toma de allí una cita que de entrada nos orienta: *"Todo arte se caracteriza por cierto modo de organización alrededor de ese vacío. No creo que sea ésta una fórmula vana, pese a su generalidad, para dirigir a quienes se interesan en la dilucidación de los problemas del arte y pienso contar con los medios para ilustrársela de modo múltiple y muy sensible."* (pág. 14). Varios son los usos, según releva Regnault, que hace Lacan del arte. No se priva de tomar los autores como casos (Joyce o Gide), o desde los textos construir conceptos (de *Hamlet* el deseo o las neurosis, de Holbein la anamorfosis, el falo y la mirada, de Claudel el deseo, etc.); aunque siempre recordando que nuestra posición como psicoanalistas es, en relación a los artistas, de cierto retraso: debemos aprender de ellos, ellos son quienes nos enseñan con su intuición o anticipación lo que tendremos que escribir luego nosotros, o incluso, con Joyce por ejemplo, podremos aprender a partir del punto en que éste reniega del psicoanálisis, el horizonte al cual podremos aspirar en la conclusión de una cura: el desabonamiento del inconsciente.

En torno al devenir de las letras, digamos que con Foucault podemos resumir esta encrucijada que el arte moderno plantea, a partir de una idea que recorre su obra, la hipótesis del lenguaje convertido en objeto, esto es, que la Literatura en su especificidad es esencialmente moderna, en sus palabras hay aquí una *aparición de la literatura, "[...] la palabra es de fecha reciente, como también es reciente en nuestra cultura el aislamiento de un lenguaje particular cuya modalidad propia es ser 'literario'"* (Michel Foucault, *Las palabras y las cosas*. Siglo XXI, pág.293) Es una de las maneras, casi diríamos desde nuestra óptica analítica, *sintomática,* en que se presenta como una *compensación* a este viraje de la cultura hacia lo más descarnado del lenguaje como objeto, y que como objeto desde entonces pierde su función referencial (por ejemplo, como analogía o semejanza, entre otros modos del representar que plantea Foucault). La literatura *"remite el lenguaje de la gramática al poder desnudo del hablar y ahí encuentra el ser salvaje e imperioso de las palabras"* (pág. 293) *"[... La literatura] se encierra en una intransitividad radical [...], rompe con toda definición de 'géneros' como formas ajustadas a un orden de representaciones [Para ella] no hay otra cosa que hacer que centellear en el fulgor de su ser."*

Modernidad, segregación y arte

Lacan, en su proposición del 9 de octubre del 67 sobre el psicoanalista de la escuela, ya nos plantea el lugar nodal de los "campos de concentración" en la modernidad, y el modo de tratamiento del goce que de él se desprende, y que ciertamente nos concierne en la actualidad: hablamos de la segregación. Allí señala: *"Limitémonos a decir que lo que hemos visto emerger, para nuestro horror, representa la reacción de precursores con respecto a lo que se irá desarrollando como consecuencia de la transformación de los agrupamientos sociales por la ciencia, y especialmente de la universalización que introduce en ellos.*

Nuestro futuro de mercados comunes encontrará su contrapeso en una extensión cada vez mayor de los procesos de segregación."

Tomemos nota de esta inquietante aseveración de Lacan, que sitúa a los nazis nada menos que en el lugar de precursores, de un proceso que a futuro seguirá su desarrollo. En nuestro país podemos dar fe de ello, ya que nos encontramos, según lo afirma Vezzetti, entre los pocos países del mundo que han tenido campos de concentración; el nuestro sería el único país sudamericano cuya dictadura produjo esos malditos campos. Claro que como fenómeno social la segregación no se restringe a eso que sucedió una vez y ya nunca más, por el contrario, fenómenos como los "countries", donde se concentran los ricos, las "villas miseria" con los pobres, o los "shoppings" donde se concentran los objetos del mercado, todos van en crecimiento evidente. Oscar Sawicke plantea un interesante cruzamiento conceptual: para él los campos de concentración lo serían, aunque de concentración de goce. El concepto analítico de goce empalma en sus paradojas no sólo lo que del cuerpo obtiene de vida el ser hablante sino, en una vuelta moebiana, tal como lo esclarece Miller en Biología lacaniana, lo que esa satisfacción coacciona como imperativo hacia la muerte. Freud, a fin de cuentas, en Más allá del Principio de placer, no hace de la vida, del principio de placer, sino una tenue diferenciación del principio de Nirvana, de la pulsión de muerte. Esta pulsión de muerte se vincula primordialmente para el Freud de la segunda tópica a una instancia que denomina Super Yo. Y recordemos, pues, la fórmula irónica que Lacan asigna al imperativo superyoico como voluntad de goce, en *Kant con Sade*, ya que para Lacan es Sade quien muestra la verdad del imperativo superyoico kantiano: *"Tengo derecho a gozar de tu cuerpo, puede decirme quienquiera, y ese derecho lo ejerceré, sin que ningún límite me detenga en el capricho de las exacciones que me venga en gana saciar en él."*

Resuenan en esta fórmula, no sólo irónica sino terrible, las palabras que el oficial de las SS dijera a Primo Levi: los horrores cometidos hacia los judíos por los nazis fueron tan terribles que nadie creería en eso, que por más supervivientes que hubiera de la *shoá*, la solución final no lo sería tanto por el resultado de la empresa propiamente dicha, que fue un fracaso, sino por lo que Wajcman denominó la anticipación de un olvido, un rechazo anticipado hacia las posibilidades de la memoria[5]; en fin, un rechazo del orden de una palabra posible sobre eso. Rechazo tal que Lacan bien podría llamarlo, tomando un término jurídico muy descriptivo y preciso, 'forclusión o preclusión', es decir, lo que no alcanza a inscribirse ni llega, nunca estuvo. Doble negación y un producto: un vacío de huella, absoluto, como aquella fórmula de Videla, *"ni vivos ni muertos: desaparecidos"*.[6]

La hipótesis de Lacan es, podríamos decir, hasta sencilla: la ciencia segrega ya que trata en su homogenización igual al sujeto que a sus objetos, los sujetos se ven capturados por esa operación de borramiento de las diferencias que la ciencia promueve. Sawicke lo dice: *"Desde aquí nos interrogamos sobre el estatuto de objeto que promueve la sociedad actual donde la intervención del discurso de la ciencia es determinante. La ciencia nos propone un objeto fascinante, la fascinación por el objeto que convoca a la subjetividad del sujeto desde la homoge-*

---

[5] *"Estas industrias fabricaron también, al mismo tiempo, además, otra cosa, algo distinto además de muertos: el olvido de los muertos [...] El olvido constituye el principio de las cámaras de gas. Olvido radical, no tenía en mira sólo el después, envolvía a las víctimas incluso antes de que se las empujara a las 'duchas' [...], [como] hablaba un padre de la iglesia, Tertuliano, una desaparición de la carne [...] hacerles olvidar lo que veían, o lo que podían oír o sospechar, o imaginar [...] Una máquina concebida para consumar esa muerte tal que el nombre de cadáver estaría todavía de más, una desaparición que ya no tendría nombre en lengua alguna. [...] Allí nunca hubo nada. Invención de la memoria virgen. Sin huella [..] Una memoria que no olvida. Donde nada sucedió nunca."* (G. Wajcman, pág. 218 y 221). Juan José Saer nos pasea en su metáfora de *Nadie nada nunca*, la carne en este caso es equina, por territorios similares aunque ya nuestros.

[6] El inefable dictador decía a continuación, claramente: *"... No pregunten por ellos pues no son."* Esto mismo se reproducía en los campos de detención, como lo consigna el siguiente artículo: *"'Vos aquí no sos nadie', 'no tenés nombre', 'no estás ni vivo ni muerto', 'no existís'.* Las víctimas de la represión ilegal quedaban ubicadas, así, en un escenario impreciso entre la vida y la muerte. Evocamos, en este sentido, lo que puntualizó J. Baudrillard: *'En los campos de concentración, más aún que la vida, lo que se exterminaba era la muerte. Los prisioneros eran desposeídos de su muerte, más muertos que muertos, desaparecidos'"*. (Página 12, **Fabiana Rousseaux y Lía Santa Cruz**).

neidad objetal, el objeto para todos, que sustenta la segregación de cualquier diferencia, es decir se elimina la subjetividad sustentada por la diferencia. Se consuma de esta manera una determinada subjetividad que no reconoce diferencias. Considero e interpreto que este objeto propuesto por la ciencia ocupa para el sujeto el lugar del ideal."

Si se forcluye la diferencia, que constituye al sujeto en su estructura, la consecuencia inevitable es la segregación, es decir, la puesta por fuera de todo lazo discursivo de lo que hace la diferencia de lo singular, esto es, los modos particulares de goce. El discurso del amo, que antecedió históricamente a la modernidad, tal como lo plantea Lacan en el seminario 17, en instituciones como la religión, no segregaba sino que discriminaba, diferenciaba; el amo prestaba su sostén significante y el discurso ordenaba los lugares sociales. Se mataba, pero según las leyes de la guerra o de la santa voluntad de Dios. Quien moría en la Inquisición era culpado o culpable de algo. Es esta una modalidad de trato a la subjetividad y a la muerte absolutamente distinta de la que transmite el oficial SS a Primo Levi: rápidamente aquí ya no hay causa ni culpa, el genocidio apunta al ser del Otro, nada relativo a un hacer que lo hiciera culpable, sino el mero hecho de nacer de un determinado modo lo hace objeto del *"capricho de las exacciones que me venga en gana saciar en él".*

Silvia Tendlarz dice en el mismo sentido: *"La transformación del sujeto en mercancía, la pérdida del valor de la vida y su consecuente manipulación como objeto, franquea un límite de segregación sin retorno."*

La técnica, en su perfeccionamiento por la ciencia, devela su verdad en la *shoá*: el pretendido dominio absoluto del Otro, su desaparición. El fantasma de la ciencia accede en la *shoá* a su verdad, el más radical dominio de la Alteridad, de esa dimensión que paradójicamente la ciencia misma en su avance, en su progreso en relación a lo real, ve cada vez más distante, indeterminado e indecidible. Dirá Wajcman: *"Porque la organización de los campos, en su fondo mismo, se sustentaba justamente en un cálculo del Caos"*[7].

La *shoá* le plantea al arte y a la cultura un problema que, tras la lectura del texto de Gèrard Wajcman, podemos calificar como central en las relaciones entre modernidad, capitalismo y ciencia: *"Todo cuerpo representado (en nuestro arte contemporáneo), toda figura, todo rostro, de hecho toda imagen y toda forma estarían atravesados hoy, de una manera u otra, por los cuerpos liquidados de Auschwitz. Como si, para todo el arte de la segunda mitad del siglo, las cámaras de gas constituyeran una suerte de vibración fósil que resonara detrás de cada obra, más allá de toda cuestión de género, tema o estilo. Como si la catástrofe fuera el referente último de todo el arte de este fin del siglo XX."* El autor aísla, pues, a la *shoá* como paradigma del objeto que la modernidad ha producido en su lógica[8], que responde a lo que denominábamos el fantasma de la ciencia, que como ciencia galileana al ser empírica subsume a la técnica, devenida técnica industrial por su alianza al capitalismo (Milner, Jean-Claude, *Introducción a una ciencia del lenguaje*).

Silvia Tendlarz reflexiona sobre el uso del lenguaje que inauguran los nazis, como precursores también: la utilización de los eufemismos metonímicos, esa cosa que ni siquiera puede ser dicha y que es llevada a cabo en una pasmosa cotidianeidad, es ocultada deliberadamente a través de un uso perverso del lenguaje (recordemos, de igual modo, la jerga que en televisión pudimos escuchar en la invasión norteamericana a Irak, "La tormenta del desierto

---

[7] Agreguemos otras citas, sobre este tema, del mismo autor, aprovechando la lucidez con que lo aborda: *"La ausencia como puro producto industrial. De aquí surge el objeto inédito, absolutamente otro. [...] De los campos de exterminio se dice, con facilidad, que eran verdaderas 'fabricas de muerte'. [...] Esta forma alegórica no impide que realmente hayan sido eso, fábricas. Sin metáfora. [...] Cita de Rudolf Vrba, sobreviviente de Auschwitz: 'Si en Manthausen el producto número uno del trabajo esclavo era la piedra, extraída de una cantera, en Auschwitz este producto era la muerte'[...] El nazismo habrá casado al viejo antisemitismo con la industria moderna. [...] Se produjeron en serie cuerpos desaparecidos. Aquí, se produjo técnicamente ausencia en serie". (Pág. 214, 215 y 217)*

[8] Y cristalizado como obra de arte en la película homónima de Lanzmann (Wajcman).

II"). Dice Tendlarz: "*Una de las tesis más importantes del libro de Sneth y Cosaka es que el nazismo no es el paroxismo del discurso racista, sino que consiste en el exterminio del discurso. Dedican un capítulo a demostrar cómo los eufemismos se volvieron un recurso fundamental del nazismo para 'utilizar el idioma a los fines del régimen'. Este Sprachregelung 'designa los recursos lingüísticos que servían a la maquinaria del exterminio como lenguaje administrativo y como recurso de propaganda y ocultamiento, lo que permitía llevar a cabo las tareas de la matanza sin llamarlas por su nombre'. Se utilizaban entonces palabras y expresiones de significado neutro o positivo para nombrar el terror y el exterminio. Por ejemplo, la 'solución final' nombraba el exterminio; 'tratamiento especial' significaba matanza; 'abandono del lugar', 'desalojo' o 'direccionamiento de la colonización' designaba la expulsión de los judíos; el 'reagrupamiento' nombraba a la deportación; 'judaización' la influencia pretendidamente desvastadora de los judíos; la 'zona judía de residencia' eran los ghettos, y su expulsión se denominaba 'desplazamiento de residencia' (hacia los campos de concentración o de exterminio, por supuesto); los Sonderkommando estaban obligados a llamar, bajo pena de muerte inmediata, figuren (marionetas), schmattes (trapos) o stücken (piezas) a los cadáveres; völkisch, que en el idioma político alemán significaba 'racista', se convirtió en sinónimo de 'antisemita', y suplantó así a judenhass, término anterior que significa 'odio a los judíos'.*"

Ahora bien, la pregunta que muchos se hacen, la pregunta que en su ingenuidad se torna ominosa, es cómo pudo esto haber sucedido a plena luz del día, diríamos, en una de las naciones europeas más desarrolladas; pregunta que, por otro lado, nosotros mismos podemos hacernos en relación a los crímenes de la dictadura que aquí tuvieron lugar. Para J. C. Milner los crímenes del nazismo no fueron de guerra, sino de paz, y esto los vuelve mucho más inquietantes. Se trata de la paz del capitalismo. La maquinaria capitalista más eficientemente montada tiene como producto el borramiento absoluto del Otro, la muerte sin huellas por una máquina sin fallas. Que esto haya sucedido, y como dice Semprún, que los buenos ciudadanos alemanes no se hayan espantado por el olor a carne quemada, tal como lo hicieron los pájaros, indica, para Lacan, el ingreso de la humanidad en la era de la segregación, en la 'generalización del niño', como subraya Eric Laurent, si entendemos al niño como aquel que no puede responsabilizarse de sus actos y no puede sino desmentir algo que ocurre ante sus ojos, algo como la muerte sistematizada. Lacan se vale en este punto de un texto literario de alguien que logró escapar a la barbarie, de las *Antimemorias* de Malraux.

Pues bien, el psicoanálisis y el arte, tal como lo supieron los nazis, saben que la cosa no puede ser totalmente dicha, que hay un mediodecir inherente a la verdad, un mostrar a medias por el arte, un uso inevitable de la metáfora; por supuesto, dirigido a otra cosa que al perverso uso de la propaganda o la burocracia de guerra. Dirigido a hacer surgir, a permitir ver, a mostrar y transponer la barrera del olvido. Semprún percibe eso incluso en pleno cautiverio, cuando se pregunta en Buchenwald cómo podría hacer para comunicar ese horror, esa *experiencia de la muerte*, y concluye que el mero testimonio quedaría impotente, sólo a través del arte algo se podría transmitir, la función del arte se le ocurría indispensable para comunicar un pedazo de ese real atroz que emergía en la historia.[9]

---

[9] *"¿Pero se puede contar? ¿Podrá contarse alguna vez? La duda me asalta desde este primer momento. [...] No porque la experiencia vivida sea indecible. Ha sido invivible, algo del todo diferente, como se comprende sin dificultad. Algo que no atañe a la forma de un relato posible, sino a su sustancia. No a su articulación sino a su densidad. Sólo alcanzarán esta sustancia, esta densidad transparente, aquellos que sepan convertir su testimonio en un objeto artístico, en un espacio de creación. O de recreación. Únicamente el artificio de un relato dominado conseguirá transmitir parcialmente la verdad del testimonio."* (pág. 25)

[Gèrard] Wajcman precisa aún más la idea, analizando ciertas condiciones con que se topa el arte aquí, y planteando claramente cómo el vacío de la representación responde a un agujero que la modernidad ha visto emerger en el seno de su historia: *"La shoá no es solamente una muerte programada y sistemática y el olvido programado y sistemático de esta muerte, sino también la producción de un Irrepresentable. [...] La shoá desfigura al siglo, desgarra los rostros. Por eso el problema se traslada al meollo de toda representación, de toda imagen hoy [...]* **lo que no se puede ver el arte debe mostrarlo [el resaltado es mío] no representar nada resulta entonces no de una prohibición, de un afán de dignidad arrogante o de una postura estética minimalista, sino de una elección, esa elección**

Otro escritor, también muy marcado por el nazismo, Celan, explica las consecuencias en el lenguaje de la *shoá*, evento inédito en la historia de la humanidad, y que surgió y se dijo en una lengua: *"Me parece que la poesía alemana va por otros caminos que la francesa. Con la más lúgubre memoria, con las más cuestionables circunstancias alrededor, a pesar de tener presente la tradición a la que pertenece, ya no puede hablar el lenguaje que un oído propenso todavía parece esperar de ella. Su lenguaje se ha vuelto más sobrio, más objetivo, desconfía de lo 'bello', intenta ser veraz. Es, pues, si se me permite usar una palabra del campo visual, no perdiendo de vista lo policromático de lo aparentemente actual, un lenguaje 'más gris', un lenguaje que entre otras cosas también quiere saber su musicalidad asentada en un lugar donde nada tenga en común con aquella armonía que más o menos indiferente, aún consonaba y asonaba con lo más espantoso.*

Lo que le interesa a este lenguaje es la precisión, aparte de toda la indispensable variedad de la expresión. No transfigura, no 'poetiza'; nombra y denota, intenta medir el campo de lo dado y de lo posible [...] La realidad no está dada, la realidad exige que se la busque y logre" (Citado por Sara Cohen, *El silencio de los poetas. Pág. 63 - 86).*

Recordemos que el propio T. Adorno, quien había profetizado en 1949 el fin de la poesía, expresa en su *Teoría estética* sobre Celan: *"Los poemas de Celan hablan un indecible horror a través del silencio. Transforman su verdadero contenido en una cualidad negativa. Emulan un lenguaje que está por debajo de la impotente charlatanería de los seres humanos, incluso por debajo de la vida orgánica como tal: el lenguaje de las cosas muertas, de las piedras y de las estrellas. Los últimos rudimentos de la materia orgánica son eliminados de manera que sobreviene lo que Benjamin descubrió en Baudelaire: una lírica sin aura."* Así por ejemplo, en "Tango de la muerte":

"Leche negra del alba la bebemos de tarde

---

forzosa que conjuga lo imposible y lo necesario; lo imposible de ver y la necesidad de mostrar". (Pág.230 y 235)

> *la bebemos al mediodía y de mañana la bebemos de no-*
> *che*
> *bebemos y bebemos*
> *cavamos una tumba en los aires ahí no hay estrechez*
> *Un hombre vive en la casa juega con las serpientes es-*
> *cribe*
> *escribe al oscurecer a Alemania tu cabello de oro Mar-*
> *garita*
> *lo escribe y sale de la casa y relampaguean las estrellas*
> *silba a sus perros aquí*
> *silba a sus judíos allá manda cavar una tumba en la tie-*
> *rra*
> *nos ordena ahora toquen música de baile [...]."* (Co-
> hen).

Primera estrofa del implacable poema de Celan escrito en mayo del 45 e incluido en los programas de las escuelas alemanas. Una lírica sin aura, un lenguaje reducido, diseca-do. En la modernidad, tras el horror, ya no hay utopía sino del lenguaje, en el lenguaje, dirá Barthes: *"el susurro de la lengua constituye una utopía. ¿Qué clase de utopía? La de una música del sentido [...]"* (pág. 101). Susurros vocálicos, se invierte desde ahora, para este autor, la Poética, fondo y forma ya no se corresponden a sonido y sentido, *"en lugar de ser la música de los fonemas el fondo de nuestros mensajes, el sentido sería en este caso el punto de fuga del placer"*. El sentido fuga en sinsentido que resuena en una lejanía, y *"el susurro no es más que el ruido de la ausencia de ruido"*. Alejandra Pizarnik, también alcanzada en su historia familiar por el nazismo, ya que casi toda su familia paterna y materna es asesinada, a excepción de un tío paterno radicado en las afueras de París, evoca este estallido del lenguaje como representación, en una dimensión que para ella fue de *Infierno musical: "Gol-pean con soles / Nada se acopla con nada aquí / Y de tanto animal muerto en el cementerio de huesos filosos de mi memoria / Y de tantas monjas como cuervos que se precipitan a hurgar entre mis piernas / La cantidad de fragmentos me desgarra / Impuro diálogo*

/ Un proyectarse desesperado de la materia verbal / Liberada a sí misma / Naufragando en sí misma" (Pág. 268).

Bibliografía

AGUIRRE, Gustavo. (1997). *Las poéticas del siglo XX.* Buenos Aires, Stevenson Librería – Editorial.

ARTIERE, Philippe. (1998). *Clinique de l'écriture. Une histoire du regard médical sur l'écriture.* Institut Synthélabo pour le progrès de la connaissance. Le Plessis-Robinson.

BARTHES, Roland. (1987). *El susurro del lenguaje. Más allá de la palabra y de la escritura.* Bs. As. Ediciones Paidós.

BLISTENE, Bernard. (1999), *Une histoire de l'art du XXe siècle.* Beaux Arts magazine, Centre Pompidou.

COHEN, Sara. (2002), *El silencio de los poetas. Pessoa, Pizarnik, Celan, Michaux.* Bs. As. Editorial Biblos.

DORSCH, Friedrich. (1994). *Diccionario de psicología.* Barcelona, Editorial Herder.

FERRATER MORA, José. (1993). *Diccionario de Filosofía abreviado.* Bs. As. Editorial Sudamericana.

FOUCAULT, Michel. (1998), *Las palabras y las cosas.* Bs. As. Editorial Siglo XXI.

FREUD, Sigmund. (1988). *Lo Inconsciente. Obras Completas* Volumen 11. Bs. As. Editorial Hyspamérica.

FREUD, Sigmund. (1988). *Más allá del principio del placer. Obras Completas* Volumen 13. Bs. As. Editorial Hyspamérica.

GADAMER, Hans-Georg. (1998). *La actualidad de lo bello.* Bs. As. Editorial Paidós / I.C.E.-U.A.B.

LACAN, Jacques. Proposición del 9 de octubre de 1967 sobre el psicoanalista de la Escuela. Inédito.

LACAN, Jacques. (1988). *Kant con Sade. Escritos 2.* Bs. As. Siglo XXI Editores.

LACAN, Jacques. *Seminario 18. De un discurso que no sería del semblante.* Inédito.

MALEVAL, Jean Claude, "Fonction de l'écrit pour le

psychotique ", S. P. B. Núm. 4.

MILLER, Jacques-Alain, (2002). *Biología lacaniana y acontecimiento del cuerpo*. Buenos Aires, Colección Diva.

MILNER, Jean-Claude. (1996). *La Obra clara. Lacan, la ciencia, la filosofía*. Bs. As. Editorial Manantial.

PIZARNIK, Alejandra. *El infierno musical. Poesía Completa*, Editorial Lumen.

REGNAULT, François. (1995). *El arte según Lacan*. Barcelona. Ediciones Eolia.

ROUSSAUX, Fabiana, SANTA CRUZ, Lía. "El discurso del poder", "la herida siempre abierta", "Ni vivos ni muertos, desaparecidos ". Diario Página 12.

SAWICKE, Oscar. (2002). "El holocausto y su actualidad". Virtualia # 5. Revista digital de la Escuela de Orientación Lacaniana.

SEMPRÚN, Jorge. (1998). *La escritura o la vida*. Barcelona. Fábula Tusquets Editores.

TENDLARZ, Silvia Elena. (2002), "Shoá". Virtualia # 5. Revista digital de la Escuela de Orientación Lacaniana.

VEZZETTI, Hugo. (2002). *Pasado y presente. Guerra, dictadura y sociedad en la Argentina*. Bs. As. Siglo XXI editores.

WAJCMAN, Gérard. (2001). *El Objeto del siglo*. Bs. As. Amorrortu editores.

WILLINGTON, Alejandro. (2004). *La escena y la excepción. Escritura y psicosis*. Córdoba. El Espejo Ediciones.

EL VACÍO EN LA LITERATURA DEL HOLOCAUSTO

Soledad Bentolila

> *"Cualquier cosa que los hombres hagan,*
> *sepan o experimenten puede tener sentido sólo en la medi-*
> *da en que se puede hablar de ello...*
> *Los hombres en cuanto seres que viven,*
> *se mueven y actúan en este mundo,*
> *pueden experimentar el sentido pleno*
> *sólo porque pueden hablar y producir*
> *sentido los unos con los otros y consigo mismos"* (Han-
> *nah Arendt)*

Presentación

Una de las problemáticas que me pareció más interesante para presentar en este seminario, en relación al arte del controvertido siglo XX, especialmente a la literatura, es aquella relacionada con la sensación de vacío, de algo no dicho y que tampoco puede ser expresado a través del lenguaje, que el exterminio nazi dejó en la producción literaria o intelectual posterior. Varios intelectuales que se han ocupado de este problema del lenguaje, coinciden en afirmar que el holocausto operó en la cultura y en el lenguaje en particular, como un punto de inflexión que marca un antes y un después de Auschwitz.

Forster habla de una experiencia límite, *"que contaminó, hacia atrás y hacia delante, la travesía civilizatoria de nuestra cultura, dejándole una marca indeleble que exige, aún hoy, su continua interrogación."*[1]

---

[1] FORSTER, Ricardo. (2003). *Crítica y sospecha. Los claroscuros de la cultura moderna.*

Forster reconoce una degradación paulatina del lenguaje desde principios de siglo, pero a la vez, sostiene que el momento puntual, siniestro que inaugura el divorcio absoluto entre palabra y mundo, el tiempo de la imposibilidad del decir, fue Auschwitz.

Las obras elegidas para presentar este trabajo tienen en común el hecho de mostrar una marca, una huella, o quizás precisamente lo contrario a una huella: un espacio vacío en la hoja, una oquedad, un hueco, más que una marca, ya que ésta implicaría una superposición, un agregado. En este caso, el vacío se empieza a producir a partir de esta imposibilidad de "contar" la catástrofe.

Dos de las obras pertenecen a escritores sobrevivientes de los campos de exterminio, como es el caso de Primo Levi y de Jorge Semprún y las otras las he tomado considerándolas satelitales, es decir, apropiadas para reforzar o consolidar esta idea de vacío de la época, la moderna idea de infierno, la pulverización del lenguaje y de la comunicación en general.

Dice Forster: *"¿Qué decir y cómo decirlo? Ya nada se puede decir, las palabras son cáscaras de un vacío. ¿Cómo seguir trabajando con el lenguaje cuando las palabras quedaron comprometidas con el mal absoluto?"*[2]

Forster habla aquí del silencio de Heidegger, sobre todo después de la guerra.

"Sólo había para ofrecerles a las víctimas como destino final la nada del lenguaje, el hueco de la memoria"[3]

Sin embargo, este vacío no lo sufre sólo el lenguaje. Todo el siglo XX se ve amenazado por esta sensación de insatisfacción, de que algo falta. Es el vacío del hombre moderno, eso que ya no alcanza a cubrir ni Dios ni el racionalismo secularista. Un vacío que paradójicamente, todo lo llena.

Bs. As. Paidós. Pág. 256.
[2] FORSTER, R. Op. Cit. Pág. 246
[3] FORSTER, R. Op. Cit. Pág. 247

Marco histórico

La *shoá* es considerada por algunos autores, como Hannah Arendt, como un hecho inédito en la historia. Ella sostiene que el origen de este fenómeno hay que buscarlo en la modernidad y no antes. De algún modo, ubica el antisemitismo histórico como una razón secundaria en la matanza de judíos durante la 2da. guerra mundial, posición que por cierto no es compartida por otros historiadores e intelectuales (Bauman o Forster y sobre todo Goldhagen). Según Arendt hubo elementos previos a la guerra que pudieron anticipar la catástrofe: la desaparición del espacio público y político, el surgimiento del imperialismo continental, la persecusión de minorías y sobre todo, la voluntad de hacer superfluos a los hombres.

Por otro lado, Günter Anders, en su libro *Nosotros, los hijos de Eichmann* desarrolla en profundidad la idea del mundo como máquina, un mundo moderno en el cual todos los hombres no son más que engranajes, piezas de máquinas; los hombres, el más trabajador, el más obediente, está separado del producto de su trabajo por múltiples muros. No puede ver, no puede imaginar a qué está contribuyendo con su tarea diaria. George Orwell en *1984* dice *"se pasaba Winston cuatro horas de aburrimiento insoportable atornillando pedacitos de metal que probablemente formaban parte de una bomba"*[4] Lo que la máquina quiere, según Anders, es el rendimiento total, y para lograrlo, necesita eliminar de su seno todo aquello que retarde u obstaculice ese rendimiento, aún y sobre todo si ese obstáculo es el hombre. *"Lo que las máquinas desean es una situación en la que ya no haya nada que no se pliegue a ellas, ninguno de los valores superiores ni tampoco nosotros. Solamente ellas...El mundo en tanto que máquina, es realmente el estado técnico-totalitario."*[5]

---

[4] ORWELL, George. (2002). *1984*. Bs. As. Ediciones Destino. Pág. 136.
[5] ANDERS, Günther. (2001). *Nosotros, los hijos de Eichmann. Carta abierta a Klaus Eichmann*. Bs. As. Paidós. Pág. 54.

Siguiendo con el análisis de Arendt, ella sostiene que las categorías de análisis tradicionales ya no dan respuestas a los nuevos acontecimientos, las respuestas entran en crisis, porque en este nuevo estado totalitario, ya es mucho más difícil distinguir entre qué está bien y qué está mal. Esta matanza masiva, esta fabricación ilimitada de cadáveres no había estado prevista desde lo jurídico ni desde los mismos 10 mandamientos. Tampoco la filosofía puede decir nada. Todas las categorías del bien y del mal quedan barridas.

En cuanto a esta noción de hombre superfluo, Arendt considera en *Los orígenes del totalitarismo* que lo que logró destruir el nazismo en el prisionero es su espontaneidad, todo aquello que el hombre tiene de individualidad y de iniciativa. El triunfo del régimen fue convertir a unos seres humanos en marionetas sin voluntad, que caminan obedientes hacia la muerte, sin protestar. Víctimas que no pueden rebelarse, que renuncian a sí mismas y que reaccionan como el perro de Pavlov ante los estímulos. Este tratamiento especial, que destruye el espíritu de la víctima *antes* de matarla, es lo que garantiza el éxito y la permanencia de la dominación total. Los campos lograron lo que ningún otro sistema logró: hacer superfluos a los hombres, reducirlos a su estado animal. Por eso se explica el bajísimo número de suicidios en los campos.

"Los internados aunque consigan mantenerse vivos se hallan más efectivamente aislados del mundo de los vivos que si hubieran muerto, porque el terror impone el olvido"[6]

¿Qué es un campo?

Propongo para intentar una respuesta a esta pregunta, dos miradas: una literaria y otra filosófico-jurídica.

Dice Primo Levi *"Conocemos ya buena parte del reglamento del campo que es extraordinariamente complicado. Las*

---

[6] ARENDT, Hannah. (1980). *Los orígenes del totalitarismo.* Tomo I. Bs. As. Taurus. Pág. 538-539.

prohibiciones son innumerables: acercarse más de dos metros a las alambradas; dormir con la chaqueta puesta, sin calzoncillos o con el gorro puesto; usar determinados lavabos o letrinas; no ir a la ducha los días prescritos, e ir los días no prescritos; salir del barracón con la chaqueta desabrochada o con el cuello levantado; llevar debajo de la ropa papel o paja contra el frío; lavarse si no es con el torso desnudo"[7]

Agamben explica en su libro *Medios sin fin* qué es realmente un campo de concentración y dice que el campo es el espacio en el cual todo es posible. El hecho de que los judíos ya con las Leyes de Nuremberg desde 1933 habían visto restringidos sus derechos como ciudadanos, hizo que su ingreso a los campos no tuviera en absoluto ningún marco jurídico: en la mayoría de los casos, no eran reclamados por nadie, habían quedado desnacionalizados y entre ellos y el poder totalitario no existía ninguna mediación. El campo era el lugar en el cual la excepción era regla, donde nada que le ocurriera al prisionero podía ser considerado delito. Era el espacio de la arbitrariedad y la indeterminación. El orden jurídico normal quedaba suspendido y las atrocidades cometidas quedaban libradas al capricho del oficial de turno.

Entonces, la pregunta de Agamben es *"¿cuáles procedimientos jurídicos y qué dispositivos políticos hicieron posible llegar a privar tan completamente de sus derechos a unos seres humanos?"*[8] Y de nuevo la respuesta es el estado totalitario.

La ilusión de muchos nazis fue que el exterminio no se fuera a conocer nunca, aparece así un nuevo tipo de criminalidad: no dejar rastros de vida, negar lo ocurrido, mostrar un vacío; al no haber pruebas, no se puede afirmar que esto ocurrió.

Ideológicamente, se preparaba a los verdugos y en

---

[7] LEVI, Primo. (2001). *Si esto es un hombre.* Barcelona. Muchnik. Ed. Pág. 52.
[8] *AGAMBEN*, Giorgio. (2001).*Medios sin fin. Notas sobre la política.* Valencia. Ed. Pre-textos. Pág. 40.

general al pueblo alemán para una enorme ceguera.

La propaganda nazi, dirigida a la masa de ciudadanos alemanes tenía como objetivo primordial establecer una mentira sistematizada y duradera -aunque muchas veces, contradictoria-.

El modo de comunicarse entre los miembros del aparato de estado en cuanto a los problemas "graves" -deportación y exterminación de individuos y expansión territorial, por ejemplo-, eran eufemísticos. Los más altos funcionarios del Tercer Reich utilizaban "normas idiomáticas" para comunicarse entre sí. Existía un código propio en el que se suprimía toda alusión directa a las operaciones concretas que se llevaban a cabo: Por ejemplo, *"En el primer decreto dictado por Hitler la palabra 'asesinato' fue sustituída por 'el derecho a una muerte sin dolor'"*[9]

El establecimiento de esta mentira sistematizada fue un verdadero éxito, ya que *"la gran masa de alemanes ignoró siempre los detalles más atroces de lo que más tarde ocurrió en los Lager [...] Para mantener el secreto, entre otras medidas de precaución, en el lenguaje oficial sólo se usaban eufemismos cautos y cínicos: no se escribía 'exterminación' sino 'solución final', no 'deportación' sino 'traslado', no 'matanza con gas' sino 'tratamiento especial'. No sin razón, Hitler temía que estas horrorosas noticias una vez divulgadas, comprometieran la fe ciega que le tributaba el país"*[10]

Según el analista Dagmar Barnow, el régimen nazi, al hacer invisibles y silenciosas las palabras suspendió la realidad, invirtió la moral y eliminó la facultad de juzgar.

El sentido común, según Hannah Arendt, es aquella parte de nuestro espíritu y aquella porción de sabiduría heredada que todos los hombres tienen en común en cualquier civilización dada. Bajo la dominación totalitaria, la gente, aunque no fuera conciente de ello, fue conducida mediante

---

[9] ARENDT, Hannah. (2001). *Eichmann en Jerusalem. Un estudio sobre la banalidad del mal.* Barcelona. Lumen. Pág. 165.
[10] *LEVI, Primo. Op. Cit. Pág. 307.*

la combinación de terror y adiestramiento ideológico a una condición de ausencia de significado, de pérdida de la búsqueda del sentido y de la necesidad de comprensión.

"Hay muchas y variadas maneras de degradación de un idioma. Una, quizás la más terrible, es convertirlo en la lengua de la muerte, en una nueva sintaxis capaz de hacer pasar por normal, lo espantoso, lo inhumano"[11]

Por otro lado, resulta interesante destacar en este punto que las órdenes dictadas por el Führer eran casi en su totalidad de carácter oral; los receptores directos de dichas órdenes eran los miembros inmediatos inferiores en la pirámide burocrática del estado nazi o los "perpetradores" y éstos no necesitaban de decretos escritos, ya que la sola palabra de Hitler era suficiente y constituía automáticamente un mandato superior a cualquier ley escrita que estuviera vigente en ese momento.

Según Arendt, había en la Alemania nazi *"un aura de mendacidad sistemática que constituyó la atmósfera general...del Tercer Reich"* Y luego: *"La práctica del autoengaño se extendió tanto, convirtiéndose casi en un requisito moral para sobrevivir"*[12]

Al invertirse el sentido de la moral durante el régimen totalitario, los crímenes fueron aceptados con naturalidad.

El uso eufemístico del lenguaje por parte de los perpetradores no sólo contribuyó enormemente en esta tarea sistematizada de adoctrinamiento de masas; también fortaleció el proceso de vaciamiento del lenguaje que venía gestándose desde principios de siglo.

Dice Orwell en 1984: *"Los nombres de los 4 ministerios revelan un gran descaro al tergiversar deliberadamente los hechos: el Ministerio de la Paz se ocupa de la guerra; el Ministerio del amor, de la tortura, el Ministerio de la abundancia, del hambre... Sólo mediante la reconciliación de las contradicciones es posible*

---

[11] FORSTER, Ricardo. Op. Cit. Pág. 263.
[12] ARENDT, Hannah. Op. Cit.

retener el mando indefinidamente"[13] Nuevamente la respuesta es el estado totalitario.

La normalización del mal

Aparece una figura monstruosa sostenida sobre un número inmenso de hombres diminutos, normales, obedientes. Esto nos lleva a reconocer una suerte de divorcio, en este nuevo orden de cosas impuestas por el nazismo: un abismo entre el horror irrepresentable de los hechos y la insignificancia de sus perpetradores. Ambas son figuras singulares y casi exclusivas de la modernidad, cuyo ideal de progreso permitió el surgimiento monstruoso de la barbarie en el seno de la más desarrollada y perfeccionada de las civilizaciones. Esta combinación puede ser tomada como el verdadero éxito del totalitarismo nazi: hacer superfluos y amorales a los hombres. Y por *hombres* se entiende tanto verdugos como víctimas.

La modernidad se puede considerar trágica porque transforma la excepcionalidad del mal en la normalización del mal. Engendra un nuevo tipo de asesino: el hombre común, que tiene un trabajo organizado, una familia y un canario a quien cuidar y dar de comer. Matar masivamente no es más que una de sus tantas tareas asignadas en su agenda sin interrogantes. El hombre que no se pregunta cuál es su contribución en la gran máquina de matar. Sólo quiere ser puntual, obediente, cumplidor y conformar a su jefe. Ese asesino sólo podía ser del moderno siglo XX. Quedaron en el pasado remoto los Mr. Hyde de Stevenson, los Frankenstein resentidos con la sociedad que los rechaza, el empalador Vlad Tepes, príncipe de la Valaquia, en el que se inspiró Bram Stoker para escribir su *Drácula,* cuya excepcional perversión lo hacía sentarse a almorzar frente a sus víctimas empaladas vivas y se deleitaba en su agonía. La modernidad terminó con lo excepcional, con lo anormal

---

[13] ORWELL, George. Op. Cit. Pág. 222.

del asesino: hizo pasar por normal su actividad, otorgándole un estatuto, un reglamento, una orden del día y un aparato de Estado. Se normalizó el infierno. Nuevamente, esto fue posible en el estado totalitario.

"El mal cotidiano ahora es el mal que se ha hecho banal, habitual. El diablo, al hacerse banal, gana realidad y eficacia, lleva a cumplimiento su encarnación en el mundo al quitarse las vestiduras grandiosas y terribles del exceso luciferino, mezclándose de tal modo con lo habitual que...logra que sea olvidada hasta su propia existencia"[14]

El lenguaje del verdugo

Las frases hechas o clichés, en boca de Adolf Eichmann eran pronunciadas como en un recitado. Aparte del Tribunal, el receptor principal de sus palabras vacías era él mismo. Estas palabras una vez fijadas en su mente como frases hechas, seriales, servían a Eichmann para tranquilidad y satisfacción de su alma y de su conciencia pero no podían remitir a un significado ni concreto ni alusivo; eran frases huecas en virtud de su repetición de estribillo[15]. Una melodía, alguna vez cantada, cuyo mensaje se pierde bajo el ruido de una armonía estimulante.

"No había olvidado ni una sola de las frases que en uno u otro tiempo habían servido para darle una 'sensación de satisfacción'"[16]

Arendt construye una doble figura de Eichmann: es emisor pero también es receptor de sus propias expresiones. Esta construcción no es de una importancia menor. El engaño sistemático del Eichmann-emisor-de-clichés se veía potenciado por la sensación de calma y complacencia

---

[14] FABRIS, Adriano. Citado por Forster, Ricardo. Op. Cit. Pág 31.

[15] Según esta perspectiva, se podría establecer una pequeña analogía: de igual manera funcionarían los aforismos -tan propios de la literatura de autoayuda- cuya elemental y básica construcción y su posterior difusión masiva, hacen perder a la palabra y al discurso su valor prístino de significar, de comunicar, de representar.

[16] ARENDT, Hannah. Op. Cit.

producida por estos clichés en el Eichmann-receptor.

Arendt también distingue claramente la memoria selectiva del acusado, que mantenía frescos e intactos, hasta en su construcción sintáctica, aquellos clichés a los que echaba mano al ser interrogado acerca de sus actos, pero olvidaba -curiosamente- las fechas más importantes de la guerra. *"El acusado tenía a su disposición un clishé de 'satisfacción' para cada período de su vida y para cada una de sus actividades"*.[17] Estaba, así, protegido y distanciado de la realidad. Y la realidad es la presencia y las palabras de los otros.

Por supuesto, este recurso de la frase hecha era casi ininterrumpido, a pesar de que incurría en profundas y desconcertantes contradicciones: la falta de coherencia entre las frases-latiguillo (en una de ellas manifiesta cierta simpatía por algunos judíos y en otra se permite llenar de alegría su conciencia por haber contribuído a su destrucción) no produce ningún tipo de incomodidad en él; yendo aún más lejos, es posible que Eichmann ni siquiera haya sido consciente de tales contradicciones. Algo así como una incoherencia en la estructura general de su discurso. Según este análisis, nada de lo dicho por él con anterioridad guardaría relación con lo expresado con posterioridad y a la inversa. Sus ideas -por decirlo de alguna forma- serían estancos aislados, dados de colores distintos, seleccionados según combinen mejor con cada pregunta del Tribunal, sin una conexión entre sí que diera cuenta de una posición definida, global y coherente frente a los hechos.

En este sentido, la "memorable" frase pronunciada en el instante previo a su muerte, nos habla quizás más claramente que ninguna acerca de su incapacidad, en primer lugar, de establecer una cierta relación entre la palabra y el mundo y en segundo lugar, de lograr una mínima coherencia en sus ideas. Arendt define sus últimas palabras como "grotesca estupidez". Lo primero que expresa es la idea de que él *"no era cristiano y de que no creía en la vida sobrenatural*

---

[17] ARENDT, Hannah. Op. Cit.

tras la muerte" Inmediatamente después, "profetiza": *"volveremos a encontrarnos"*[18].

El problema del vacío. Grass, Orwell, Semprún

Antes había empezado a hablar de un vacío. Hay en la época una falta de respuestas, una incertidumbre que empieza a invadir al hombre europeo, que llega a su máxima manifestación después de 1945, pero que ya desde antes, desde fines del siglo XIX, se asomaba en el pensamiento de muchos intelectuales.

El protagonista de *El tambor de hojalata,* Oskar, era un niño que se negaba a crecer en un mundo en crisis y esta decisión encarna una gran sabiduría. Porque ese mundo y su lenguaje, después de 20 años de nazismo, habían sufrido un cataclismo y una devastación. La mirada de Oscar lo va diseccionando todo lúcida e implacablemente. Su discurso es desenfadado y frenético, lleno de barbarismos, libertinajes y neologismos. Oskar le otorga a la lengua una libertad que había perdido tras la contaminación totalitaria: quiere contarlo todo, abarcarlo todo. Su naturaleza deforme y enana le confiere una especie de distancia, de extraterritorialidad, lo aleja de las responsabilidades.[19] Se instala frente al mundo, conversando con él desde abajo, a distancia, como quien se sabe a salvo de antemano. Está protegido por una coraza invisible que le permite recorrer, inocente, los sitios y las situaciones más riesgosas. Oskar, con su redoblar de tambor y su alarido vitricida, comete un deicidio: reconstruye con su relato la vasta realidad, compitiendo con Dios y así el vacío de la representación es reemplazado por una representación del vacío:

"me faltaba algo en esta época. Hablaba de un vacío entre mis manos. Me fui poniendo entre los dedos los más diversos objetos... Así, me armé con una pistola. Tuve que sostener un reloj

---

[18] ARENDT, Hannah. Op. Cit. Pág. 382.
[19] VARGAS LLOSA, Mario. (2002). *La verdad de las mentiras*. Bs. As. Alfaguara.

de arena y un espejo que me desfiguraba atrozmente. Sostuve con mis manos tijeras, auriculares de teléfono, calaveras, avioncitos, tanques de guerra, barcos transatlánticos, sin llegar, con todo, a llenar el vacío"[20]

En la novela aparece una secuencia interesante y claramente metaforizada de esta idea: Dice Oskar, mientras sube por la escalera mecánica: *"Delante y arriba de mí, la pareja desenfadada. Detrás y más abajo, la señora anciana con su sombrero"*, una metáfora bastante sencilla por cierto, de ubicarse en la cronología del siglo.

Pero Oskar anticipa con su cuerpo defectuoso, lo que después encontraremos en la postmodernidad: *"Si Apolo buscaba la armonía y Dionisio el entusiasmo y el caos, Oskar era un pequeño semidios que armonizaba el caos y entusiasmaba la razón y tenía –frente a todos los dioses completos establecidos por la tradición– además de su naturaleza mortal, una ventaja decisiva, a saber: Oskar podía leer todo lo que le viniera en gana, en tanto que los dioses, se censuran a sí mismos."*[21]

Cuando ya no encontramos respuestas en Dios ni en los racionalismos del siglo XVIII y XIX; cuando ya el progreso demostró ser no sólo ineficaz sino altamente amenazante y peligroso, nos queda este vacío, en donde todos los objetos imaginables, concretos o abstractos, no alcanzan a llenar nuestra alma postmoderna. Todo está junto, todo puede comprarse en shoppings de la postmodernidad, sin distinción, mezclado. Y aún así nada nos colma, siempre hay lo que no tendremos, algo inefable.

También Orwell reconoce esta oquedad al decir en *1984: "Lo más característico de la vida moderna no es su crueldad ni su inseguridad, sino sencillamente su vaciedad, su absoluta falta de contenido"*[22]

Jorge Semprún encuentra ese vacío en un objeto con-

---

[20] GRASS, Günter. (2000). *El tambor de hojalata.* Madrid. Ed. Santillana. Pág. 476.
[21] GRASS. Günter. Op. Cit. Pág. 325.
[22] ORWELL, George. Op. Cit. Pág. 82.

creto, su propio libro. Para él la escritura es el infierno. Su enormemente agotadora tarea de narrar la muerte lo aleja de la vida. Es muy interesante un pasaje de su libro cuando, por un momento, tiene la ilusión de no haber escrito absolutamente nada.

Semprún nos cuenta a sus lectores a lo largo de la novela de qué forma va creando o recreando su pasado, casi inefable, cómo va construyendo su relato y reconstruyendo en el mismo, su vida pasada, sobre la cual ha intentado tender un manto inmaculadamente blanco, tratando de hacer desaparecer todo rastro de su paso por la muerte, porque ese viaje, en su caso particular no fue sólo de ida, ha regresado, y narrarlo lo hace visitar la muerte una vez más.

Su texto, ha recibido un premio por la Editorial de Carlos Barral, pero han debido encargar la publicación en México, debido a la censura franquista. Al momento de la entrega del premio, sin embargo, la edición no estaba lista todavía, no habría ejemplares disponibles hasta después de varias semanas.

"Pese a todo, con el fin de poder cumplir el rito de la entrega del volumen al autor premiado, Barral ha encargado la realización de un ejemplar único de mi novela. El formato, la encuadernación, el número de páginas, la sobrecubierta ilustrada: todo es conforme al modelo de la futura edición mexicana. Salvo un detalle: las páginas de mi ejemplar de hoy están en blanco, vírgenes de cualquier carácter de imprenta.(...) La emoción se apodera de mí, al fin.(...) El signo no era difícil de interpretar (...): nada era definitivo todavía. (...) Tendría que empezarlo otra vez: una tarea interminable, sin duda, la de transcribir la experiencia de la muerte".[23]

La anécdota es, por un momento, un alivio: las páginas en blanco crean en él la quimera de no haber vivido la muerte, de que nada ha sucedido: lo que no es narrado, no existe. Sólo lo que es puesto en el lenguaje tiene estatuto de verdad. Pero esto es sólo una ilusión. Sólo en el vacío y *con* ese vacío se

---

[23] SEMPRÚN, Jorge.(1998). *La escritura o la vida.* Barcelona. Tusquets Ed. Pág. 291-292.

puede vivir. Es lo que le queda después de haber atravesado la muerte: traerla al presente con la escritura.

Aparecen aquí algunos signos de la época: el vacío de la representación, la realidad construída a través del lenguaje, la ilusión de una experiencia que no ha existido, porque no se ha escrito, porque no se ha contado nada sobre ella.

Semprún habla de haber transpasado la muerte, no de haberla presenciado, simplemente.

"Lo que sucede es que en todas las matanzas de la historia hay supervivientes. Cuando los ejércitos pasaban a sangre y a fuego las ciudades conquistadas, quedaban supervivientes. Había judíos que sobrevivían a los pogroms. Incluso a los más salvajes, a los más mortíferos. Hay kurdos y armenios que han sobrevivido a las matanzas sucesivas (...) Lo contarían. La muerte como si uno la presenciara: ellos la habían presenciado.

"Pero no había, jamás habría supervivientes de las cámaras de gas nazis. Nadie jamás podrá decir: yo estuve allí. Se podía estar alrededor, o antes, o al lado..."[24]

Franz Kafka

Esta relación de dependencia entre escritura y muerte y por otro lado, vacío y vida ya lo anticipó Kafka, sin haber tenido que pasar él personalmente por la tragedia del nazismo. No podemos dejar de preguntarnos por el hipotético destino de Kafka, decididamente, casi empecinadamente instalado en Praga, como siempre fue su deseo. Desde su atormentada literatura, Kafka ya se planteaba, en la década del 10 y del 20 la imposibilidad de escribir, manteniendo su cuerpo sano. Enfermaba cuando escribía."*Tal vez su fuerza creativa era tan fuerte que necesitaba alimentarse de su cuerpo... Lo suyo fue un pacto, como el de Fausto, con el demonio (...) Parece que Franz asociaba sus largos períodos de esterilidad creativa con estados de lozanía, y que los lapsos de creatividad acompañaban*

---

[24] SEMPRÚN, Jorge. Op. Cit. Pág. 64.

un permanente deterioro de su salud (...) Quemaría su vida por conseguir una sola frase perfecta"[25]

Pese a lo anacrónico de la relación entre la obra de Kafka y la *Shoá*, me parecería por lo menos injusto no hacer una breve referencia a su obra en tanto anticipación de un estado de cosas que después durante la segunda guerra, sobre todo, cristalizaron de una manera espeluznante. Hablo de que ya en las obras de Kafka, como "La metamorfosis" o "En la colonia penitenciaria", aparecen profetizados casi con exactitud: el lenguaje eufemístico al servicio de la muerte y de la racionalidad técnico-instrumental, la fascinación creciente del hombre moderno por la tecnología en detrimento del ser humano y la psicología del subhumano, esa figura de la marginalidad, el diferente, el paria, ese "otro" que representó el judío a lo largo de la historia.

"Gregorio Samsa, el agrimensor, el artista del hambre, son los nombres de una profunda y esencial transformación de la cultura, las evidencias de una cualidad anticipatoria que sólo puede nacer de la pluma de un escritor que ve allí donde su época aún no alcanza a ver. Palabras para mostrar el fin de las palabras, imágenes que desnudan la violencia de los cuerpos en un tiempo donde la máquina irá dominando sin piedad la geografía de la vida cotidiana"[26]

"Europa, primero cristiana y ahora hitleriana, ha intentado, por diversos medios erradicar para siempre al pueblo del Libro.... Les ha exigido la conversión, los ha desterrado, ha hecho con el Talmud una inmensa pira que elevó una columna de fuego hasta el cielo sin que Dios haya actuado para impedir su sufrimiento. Parias. Errantes sin nacionalidad a la espera de una quimérica salvación que no llega. ¿Cómo aceptar que el continente de la cultura y la razón, la tierra de los filósofos y de la Ilustración acabe en esta orgía de persecución y muerte?"[27]

---

[25] ALATRISTE, Sealtiel. (2000). *El daño*. Bs. As. Sudamericana. Pág. 38.
[26] FORSTER, Ricardo. Op. Cit. Pág.117.
[27] FORSTER, Ricardo op. Cit. Pág. 119.

Lo que intentó la barbarie nazi en definitiva, es la destrucción de la memoria. Porque si bien era cierto que el judío era un apátrida, un sin tierra, un extranjero, otro, en todas partes en que se hallara, como dice Héctor Schmucler, *"su único y hasta ahora indoblegable lugar de pertenencia es la memoria"*[28] El judío en realidad, habita un libro como si fuera su verdadera patria, la fidelidad la guarda hacia la memoria que se asienta en él.

La lengua y la escritura para el judío siempre fueron su lugar en el mundo, el sitio de lo incontaminado y de lo sagrado.

En la lengua se sentían protegidos de la invasión profana, ya que el judío es un habitante de lenguas.

El judeo-español y el yidish se convertirán en verdaderas patrias que lo acompañarán en sus sucesivos destierros. Su memoria se asienta allí. Cuál no sería su exilio con esta pulverización de la lengua, al sentir que aquello a lo que el judío se sentía pertenecer ya no podía sostenerlo, sólo decía silencios y vacíos.

Cómo, con esa misma lengua-continente, lengua-patria, nombrar ahora la muerte, la degradación, el trasbasamiento de todo un pueblo, cómo nombrar lo imprevisto, lo inesperado, lo aberrante.

No sólo seguían sin nación. La única patria posible, la palabra, la escritura, les daba la espalda.

El infierno moderno

Al hacer un recorrido por la galería de males, tormentos, perversiones y aberraciones imaginados a lo largo de los siglos, notamos que el espacio atribuído a ellos por excelencia es el infierno. En el siglo XX, finalmente, ese derrotero histórico del mal absoluto ha podido hacerse realidad a través de los métodos de destrucción ofrecidos por la técnica moderna. Acabemos con la imaginación. Ahora,

---

[28] SCHMUCLER, Héctor. Citado por Forster, Ricardo op. Cit. Pág. 140.

todo es posible. Dice Hannah Arendt, que *"cosas que durante miles de años la imaginación había apartado a un lugar más allá de la competencia humana, pueden ser logradas aquí mismo, en la tierra. El poder del hombre en el estado totalitario es más grande de lo que se habían atrevido a pensar"*[29]

Pero esa concepción tradicional de Infierno, aún conserva un elemento clave del que carece el infierno moderno: la esperanza del Juicio Final. El averno nazi engendró víctimas que no sólo perdieron la esperanza, sino que también perdieron el temor. Obligados a deambular como figuras fantasmales, en un tiempo y espacio indefinidos entre la vida y la muerte, sin esperanza y ya sin miedo, se aferran desesperadamente al clásico infierno pensado por Dante, algo semejante ahora, a un paraíso, para -por lo menos- encontrar en él una ínfima posibilidad de gracia divina. Esta lejana esperanza establece la diferencia fundamental entre el infierno clásico y el del estado totalitario. No existe en este último la noción de delito/castigo. El castigo puede ser infligido a cualquiera, con igual justicia e injusticia. Los presos comunes que cometieron algún crimen manifestaban una estima por sí mismos mucho mayor comparados con los que nada hicieron. Estos últimos, eran menos capaces de soportar el choque inicial y los primeros en desintegrarse y perder el espíritu de humanos.

Desde otra mirada, el infierno moderno es aquel lugar donde nunca pasa nada.

George Orwell presentará el mal o el infierno en color blanco: *"Se preguntaba a cada momento dónde estaría y qué hora sería. Llegó a estar seguro de que fuera hacía sol y poco después estaba igualmente convencido de que sería noche cerrada. Sabía instintivamente que en aquel lugar nunca se apagaban las luces. Era el sitio donde no había oscuridad. No había ventanas...Se había acostumbrado a dormir con una luz muy fuerte sobre el rostro. (...) Él sólo tenía conciencia de la blancura del papel ante sus ojos,*

---

[29] ARENDT, Hannah. *Los orígenes...* Op. Cit.

el absoluto vacío de esa blancura"[30]

Primo Levi en *Si esto es un hombre* define al campo como el infierno mismo.

"Esto es el infierno. Hoy, en nuestro tiempo, el infierno debe ser así, una sala grande y vacía y nosotros cansados teniendo que estar en pie, y hay un grifo que gotea y el agua no se puede beber, y esperamos algo realmente terrible y no sucede nada y sigue sin suceder nada. ¿cómo vamos a pensar? No se puede pensar ya, es como estar ya muertos. El tiempo transcurre gota a gota."[31]

Excelente metáfora del vacío nos ofrece Levi, con esta imagen desolada, inerme, de muertos vivientes, esperando no se sabe qué, como el hombre postmoderno. Se espera algo, no puede saberse qué se espera.

El lenguaje y su límite en la representación

Hay un aspecto que quisiera destacar en relación al lenguaje puntualmente: su incapacidad para comunicar el horror, después de la experiencia del exterminio; y nuevamente recurro a Primo Levi, cuando describe su vida en el campo:

"Nuestro modo de tener frío exigiría un nombre particular. Decimos 'hambre', decimos 'cansancio', 'miedo, y 'dolor', decimos 'invierno' y son otras cosas. Son palabras libres, creadas y empleadas por hombres libres que vivían gozando y sufriendo, en sus casas. Si el campo hubiese durado más, un nuevo lenguaje áspero habría nacido; se siente necesidad de él para explicar lo que es trabajar todo el día al viento, bajo cero, no llevando encima más que la camisa, los calzoncillos, y en el cuerpo, debilidad y hambre y conciencia de que el fin se acerca"[32]

Son víctimas en su incapacidad de explicar la catástrofe en razón de que el lenguaje no puede estar ya al servicio de la comprensión absoluta en forma incondicional. Esta enorme

---

[30] ORWELL, George. Op. Cit. Pág. 237

[31] LEVI, Primo. Op. Cit. Pág. 31.

[32] LEVI, Primo. Op. Cit. Pág. 212.

limitación nos permite hablar de una agonía lingüística.

Levi recuperó, luego de su libertad, su lengua italiana. Resulta impresionante en su obra *Si esto es un hombre* la superposición pesadillesca de lenguas dentro del campo; la impotencia y la desesperación de aquel que no sabía el alemán, el abismo que se abría a cada paso por la incomunicabilidad casi total entre los prisioneros, y por último, esta nueva lengua-engendro (hecha de muchas lenguas conocidas e inventadas en el momento del horror).

Después de este inmenso suceso que significó Auschwitz, Levi logró *"librarse de su angustia en la palabra."*[33]

Traverso dice que las palabras no pueden *"estar a la altura de la herida que designan, ni en forma de narración realista ni con el registro de la transfiguración lírica"*[34], Sin embargo, en Primo Levi hay un resto de esperanza porque cree que el lenguaje puede ser transmisor de una experiencia límite; esperanza de la que carece Jean Améry, otro poeta, sobreviviente de la *Shoá*, que muere en 1976. Este sostenía que *"sería vano buscar en ellas* [las palabras] *un refugio o un consuelo, e ilusorio confiarles la tarea de una comprensión definitiva."*[35]

Sin embargo, Améry sí reconocería el valor ético y pedagógico del testimonio: *"el testimonio no sólo responde a una necesidad interior de los supervivientes, sino también a una exigencia ética de la sociedad"*. Para Améry, *"penetrar el oscuro enigma de Auschwitz es imposible, sí se lo puede mostrar y contribuir con ello al conocimiento"*[36] Intenta, de este modo, crear una moral histórica, apuntalar la formación de una memoria social, que se distingue del mero recuerdo, ya que éste es individual, muere con el testigo. La memoria se comienza a construir a partir de la acción de decir del "salvado" y se sostiene en el tiempo gracias a ese testimonio escrito que penetra en la conciencia social. Ese es el objetivo final de las

---

[33] *Citado* por TRAVERSO, Enzo. (2001). *La historia desgarrada. Ensayo sobre Auschwitz y los intelectuales.* Barcelona. Herder.

[34] TRAVERSO, Enzo. Op. Cit.

[35] Citado por TRAVERSO, Enzo. Op. Cit.

[36] Citado por TRAVERSO, Enzo. Op. Cit.

obras, tanto de Améry como de Levi.

Levi, sin embargo, encuentra algo a lo que asirse al salir del campo: *"...recuperé la vitalidad de mis amigos, el calor de una comida asegurada, la solidez del trabajo cotidiano,* la alegría liberadora de explicar"[37]. Porque Levi pudo conservar su propia lengua. Para Améry y también para Paul Celan *"no era posible la comunicación; la lengua alemana ya no podía recuperar sus derechos tras haber sido desfigurada por la jerga del nazismo"* Para Celan, el idioma alemán constituyó, después del campo, la lengua de la muerte, y fue *"compartida con los asesinos, debió ser restaurada tras haber sido mancillada y corrompida. Aniquilada en los campos, junto a los hablantes, sólo puede renacer a partir de un vacío, alumbrada por el duelo. Debió atravesar un mutismo atroz y las mil tinieblas de los discursos asesinos"*[38]

Sin embargo, junto a la sensación de impotencia de "explicar" el calvario vivido, en Celan podríamos ver algo así como una pérdida del discurso o del lenguaje y a la vez una supervivencia de la lengua, en cuanto tal; no tanto en su capacidad de contar el pasado, por cierto intransmitible, sino en su vigencia futura, en su resurrección.

En cuanto a Levi y a Améry, *"ambos concibieron sus obras como intentos de comprender Auschwitz. Intentos inacabados que concluyen reconociendo la imposibilidad de comprender ese agujero negro del siglo XX, pero al mismo tiempo afirman con fuerza la necesidad de dicho esfuerzo de comprensión."*[39]

Conclusión

Los cuatro aspectos principales del exterminio de judíos en Europa, según Arendt son: *"su carácter industrial, basado en la alianza del antisemitismo racial con la técnica moderna; su complejidad burocrática; la normalidad de sus ejecutores; su finalidad de aniquilar a través del pueblo judío la individualidad*

---

[37] Citado por TRAVERSO, Enzo Op. Cit.
[38] Citado por TRAVERSO, Enzo. Op. Cit.
[39] TRAVERSO, Enzo. Op. Cit.

de los hombres (la 'dominación total')."[40]

Estos cuatro aspectos necesitaron, para lograr el desarrollo que alcanzaron, de unas determinadas *estrategias discursivas*. Podemos decir que el lenguaje durante el régimen nazi siguió un proceso de agonía creciente en forma directamente proporcional a la intención de sus líderes de *"erradicar el concepto de ser humano"*: cuanto más "perfeccionada" estaba la figura del hombre amoral, mayor era la degradación lingüística.

El lenguaje (entendiendo éste como la facultad de utilizar sonidos articulados para expresarse[41] o la capacidad de uso de la lengua) ofrece a sus usuarios innumerables alternativas: pude denotar y connotar, puede plasmarse en ironía o eufemismos, puede aparecer en forma de alegoría, o bien interponerse e impedir todo tipo de comunicación, presentar palabras alusivas, veladas o codificadas. Puede no decir nada, interponer ruidos y suspender por completo su vínculo con la realidad. Pero el lenguaje no es la lengua.

En este marco de inversión de la moral, de barbarie moderna inserta en la más desarrollada de las civilizaciones, aparece un sobreviviente diciendo que *"tras atravesar las tinieblas del nazismo, la lengua sigue siendo el único valor no perdido en medio de las ruinas... La lengua conduce a un universo desaparecido, un no-lugar, una utopía. Sólo a partir de allí puede alcanzar su capacidad de comunicar algo a toda la humanidad."*[42]

Bibliografía

AGAMBEN, Giorgio. (2001). *Medios sin fin*. Valencia. Ed. Pre-textos.

ALATRISTE, Sealtiel. (2000). *El daño*. Bs. As. Ed. Sudamericana.

---

[40] Citado por TRAVERSO, E. Op. Cit.
[41] Diccionario María Moliner. (2000).
[42] Citado por TRAVERSO, Enzo. Op. Cit.

ANDERS, Günther. (2001). *Nosotros, los hijos de Eichmann*. Barcelona. Ed. Paidós.

ARENDT, Hannah. (1999). *Los orígenes del totalitarismo*. Tomo I. Madrid. Ed. Taurus.

ARENDT, Hannah. (2001). *Eichmann en Jerusalem. Un estudio sobre la banalidad del mal*. Barcelona. Ed. Lumen.

FORSTER, Ricardo. (2003). *Crítica y sospecha. Los claroscuros de la cultura moderna*. Bs. As. Ed. Paidós.

GRASS, Günter. (2000). *El tambor de hojalata*. Barcelona. Ed. Santillana.

KAFKA, Franz. (1982). *Informe para una academia y otros relatos*. Bs. As. Centro Editor de América Latina.

LEVI, Primo. (2000). *Si esto es un hombre*. Barcelona. Muchnik Editores.

ORWELL, George. (2000). *1984*. Bs. As. Ediciones Destino.

SEMPRÚN, Jorge. (1998). *La escritura o la vida*. Barcelona. Ed. Tusquets.

TRAVERSO, Enzo. (2001). *La historia desgarrada. Ensayo sobre Auschwitz y los intelectuales*. Barcelona. Herder.

VARGAS LLOSA, Mario. (2002). *La verdad de las mentiras*. Bs. As. Ed. Alfaguara.

FRANCIS PONGE: SOBRE LA EXPERIENCIA POÉTICA Y SU USO EN LA CLÍNICA PSICOANALÍTICA

Carolina Koretzky

Preliminares

Una primera constatación: el lazo entre el psicoanálisis y el arte es una insistencia continua desde el origen del psicoanálisis y no a la inversa. Recordemos rápidamente la presencia de Goethe o de la pintura de Leonardo da Vinci en la obra de Freud, como así también de Marguerite Duras, Paul Claudel, André Gide, James Joyce, entre tantos presentes en la enseñanza de Jacques Lacan.

Cuando digo experiencia artística no me refiero al vicio que alguna vez invadió al psicoanálisis: el de creer que contaba ya con los elementos necesarios para la interpretación de la subjetividad del autor. Sólo nos cabe recordar la advertencia de Lacan al respecto[1]: no se hace de psicólogo donde el artista nos desbroza el camino. Fue ésta la posición que Lacan tomó en el curso de su enseñanza: no hay análisis del artista, el autor es puesto como precursor del psicoanálisis y la obra como efecto. Es más bien la obra la que realiza el análisis del sujeto y no a la inversa. Es, digamos, por el efecto que la obra produce en cada sujeto que ella analiza.

Esto por varias razones. En primer lugar porque la producción artística no es la revelación de la verdad oculta del artista sino la mostración más auténtica de la verdad en su estructura de ficción[2]. En segundo lugar, y siguien-

---

[1] Cf . LACAN, Jacques. *Homenaje a Marguerite Duras, del rapto de Lol V. Stein.* Intervenciones y Textos II. Bs. As. Ed. Manantial.

[2] Cf. LACAN, Jacques. *La jeunesse de Gide ou la lettre et le désir.* Ecrits II. Paris. Ed du Seuil. Pág. 222.

do a François Regnault[3] no es ni el artista ni la obra la que reprime (esto en el sentido de la producción artística como retorno de lo reprimido) sino más bien que la obra nos hace percibir lo que la teoría aún desconoce. Francois Regnault nos da varios ejemplos que vale la pena citar: el cuadro de los "Embajadores" enseña lo que son el falo o la mirada, y no lo que sería el fantasma de Holbein. *Hamlet* nos muestra la construcción alrededor del deseo y la trilogía de Claudel el lugar del deseo en el mundo moderno. Y más aún, y es esto justamente lo que me parece fundamental: "Los Embajadores" o "Las Meninas" enseñan lo que *es* un cuadro. Esto no es poca cosa. El analista no debería recurrir al arte como pura experiencia ilustrativa, estética o decorativa. El recurso al arte por parte del psicoanalista, el arte como organización de lo real, hace a la teorización de los conceptos fundamentales del psicoanálisis, y específicamente a la teorización de la *pulsión*. Con esto quiero decir, la teorización de la pulsión en su circuito de contorno del vacío o el arte como ejemplificador del circuito pulsional. El Seminario VII *La Ética del Psicoanálisis*, particularmente la teorización de La Cosa nos indica un camino de reflexión. Es alrededor de esta Cosa, este vacío, este agujero, que el arte organiza la obra. Por su parte el objeto siempre *es* perdido, ésa es su naturaleza de objeto, quiero decir, no fue perdido alguna vez, el objeto en cuestión jamás fue perdido aun cuando el sujeto se encuentre en permanente búsqueda, búsqueda de un reencuentro perdido de antemano. Objeto nunca dicho, objeto que se desliza entre las palabras y las cosas.

Ante el vacío aparecen a simple vista dos posibles construcciones: la primera es aquella donde el vacío toma el lugar de mostración en la obra y donde podrían ser in-

---

"Seule *importe en effet une vérité qui tient à ce que dans son dévoilement le message condense. Il y a si peu d'opposition entre cette Dichtung et la Wahrheit dans sa nudité, que le fait de l'opération poétique doit plutôt nous arrêter à ce trait qu'on oublie en toute vérité, c'est qu'elle s'avère dans une structure de fiction"*

[3] Cf. REGNAULT, François. (1995). *Conférences d'esthétique lacanienne*. Paris. Ed. Agalma diffusion Seuil.

cluidas las obras del llamado arte moderno. En la segunda construcción el vacío es llenado a través de la representación. Dentro de este último grupo recuerdo alguna pinturas de Gustav Klimt como "El Retrato de Adèle Bloch-Bauer I", 1907 o "El Beso", 1907/08. En ambas telas realizadas en formato cuadrado, los cuerpos aparecen enteramente cubiertos de motivos decorativos que hacen destacar el rostro con un extremo realismo. Realismo y abstracción enfrentados pero encerrados en un mosaico que cubre todo el espacio. François Regnault propone que la historia de las artes podría ser dividida en una doble escansión: las artes del vacío y las artes de la anamorfosis.[4]

La palabra poética como posibilidad de una escritura oral

> *"Las palabras esenciales son acciones*
> *que se producen en esos instantes decisivos*
> *donde la chispa de una espléndida iluminación atraviesa*
> *la totalidad de un mundo."*
> Martin Heidegger.[5]

¿Porqué evocar aún la poesía? ¿Qué aporta la poética a la cura analítica? Retomando lo desarrollado en los *Preliminares,* si la obra nos hace percibir lo que la teoría

---

[4] Cf. REGNAULT, François. *Conférences d'esthétique lacanienne.* Paris. Ed. Agalma diffusion Seuil.
"Está *probado entonces que el vacío no tiene únicamente una función espacial, sino también simbólica. El es del orden de lo real, y el arte utiliza el imaginario a fin de organizar simbólicamente ese real. El está entre lo real y el significante"* ("*Il est donc avéré que le vide n'a pas seulement une fonction spatiale, mais aussi symbolique. Il est de l'ordre du réel, et l'art utilise l'imaginaire pour organiser symboliquement ce réel. Il est entre le réel et le signifiant"*).
[5] HEIDEGGER, Martin. *Schelling (semestre d'été 1936).* Citado por Philippe Sollers en *Illuminations (A travers les textes sacrés).* (2003) Paris. Editions Robert Laffont, SA. (Les paroles essentielles sont des actions qui se produisent en ces instants décisifs où l'éclair d'une illumination splendide traverse la totalité d'un monde).

desconoce, si la obra nos enseña acerca de la organización alrededor de un vacío, entonces ¿en qué la poesía nos *desbroza el camino*?

Me gusta más aún hablar de experiencia poética que de poesía. Para el analista el hecho de sumergirse en la palabra poética no comporta el recitado en prosa durante la sesión. Me refiero más bien a un acercamiento hacia la experiencia poética y lo que ella comprende, es decir: un efecto creacionista, efecto iluminador para el acto analítico.

Lacan supo percibir al comienzo de su enseñanza el deterioro de la palabra en el mundo moderno. En un periodo en el cual el psicoanálisis ipeista era una referencia directa a interminables, minuciosos y detallados recuerdos infantiles, el anecdotario terminaba en una banalización cada vez mayor de la palabra. Lacan, con fundamentos, se aparta de este psicoanálisis. Cada época nos enfrenta a la necesidad de crear nuevas respuestas en la clínica. Hoy parecemos sumergidos en una frase impersonal, en cierta creencia imposible de una total transparencia entre las palabras y las cosas: *todo puede ser dicho*, en fin, una palabra condenada a la plenitud, sobre todo creo importante interrogarnos acerca de las posibles repercusiones clínicas de esta modalidad de uso de la palabra.

En la clínica contamos con un decir que intenta como efecto transformarse en acto, quiero decir en escritura. Podemos hablar de escritura en análisis y no únicamente de palabra bajo su modalidad oral. Escritura, trazo, marca. Se puede afirmar: existe una escritura en el análisis. Si por una parte el analizante despliega la asociación libre, habla, asocia, trabaja las formaciones del inconsciente, hay, podemos afirmar, otros momentos sincrónicos de detención. Momentos donde a partir de la interrupción de la asociación libre se produce escritura de una frase. Son, jugando un poco con las paradojas, momentos de *escritura oral*. Los testimonios de final de análisis los corroboran. Estos testimonios no despliegan el cúmulo de asociaciones sino que ellas son reducidas a algunas frases que hicieron inscripción en el analizante. Las frases que tocaron el hueso. Es por eso que me gusta André Breton cuando dice *"más aún que emocionar yo creo, en efecto, que el rol del poeta es exaltar lo que nombra"*[6] Igual el analista que el poeta. Esto, siempre y cuando el analista trabaje con la palabra en su materialidad y no es su denotación. Se trata para el analista entonces de un intento de neutralización máxima de la denotación, del sentido, para tomar la palabra en su materialidad significante. En este sentido veo el acercamiento de la poesía y el psicoanálisis, la palabra poética realiza la misma operación: utiliza la palabra en su materialidad produciendo un corto-circuito y una subversión del sentido común.

En la obra *Estructuras sintácticas,* el lingüista Noam Chomsky aporta la frase: *"Ideas verdes incoloras duermen furiosamente"* con el fin de mostrar a sus lectores lo que es una frase gramaticalmente correcta y sin significación. *"He aquí lo que se llama hablar!"* es la respuesta de Lacan a Chomsky en la primera clase del seminario XII: *Problemas cruciales para el psicoanálisis*[7]. ¿Porqué Chomsky piensa que la frase no tiene significación? El autor argumenta que *incoloras* contradice a *verde* y que las ideas no pueden dormir, sobre todo le parece problemático que se pueda dormir *furiosamente*. Lo que le afecta más aún es que sea una frase gramaticalmente correcta. Por el contrario, Lacan encuentra allí la convergencia de la gramática con la significación y una excelente definición: la del inconsciente. Ideas que duermen furiosamente, ¿no es acaso la definición misma del inconsciente?

---

[6] Entrevista con Breton y Reverdy en *Le grand recueil II, Méthodes.* Francis Ponge. Paris (1961). Ed Gallimard. Pág. 298

[7] LACAN, Jacques. *Problemas cruciales para el psicoanálisis.* Seminario XII. Clase del 2 de diciembre de 1964. Seminario inédito.

La poesía de Francis Ponge y la función evocadora de la palabra

*"Y nadie lo ha dicho,
nadie levanta la piel de las cosas.
Hay que hallar la cosa viva.
La dificultad es que las palabras
están tan polvorientas, hace falta devolverles la vivacidad y
es posible hacerlo teniendo esa sensibilidad por
las palabras y amando
los propios personajes".*[8]

En este intento elucidador de la experiencia poética y su uso en la clínica psicoanalítica tomaré algunas teorizaciones de Francis Ponge[9] alrededor de la pregunta: ¿qué es la poesía?

La obra de Francis Ponge nos remite al fundamento de la clínica lacaniana. Lacan nos remite a su obra y específicamente al concepto de *Reson* en la última nota al pie de página del artículo "Función y campo de la palabra y el lenguaje"[10]. Decíamos antes que en la clínica se cuenta con un decir que intenta como efecto transformarse en inscripción, en escritura oral, entonces, ¿qué recursos utilizar frente a este vaciamiento, no de sentido, sino más bien de peso que tiene la palabra? ¿Cómo otorgarle nuevamente su estatuto de huella, de marca? El desafío que nos convoca: la inscripción de una intervención frente al pulular vacío, o al decir de Ponge, al ronroneo.

La referencia a Ponge, su teorización sobre la literatura y la escritura, resulta sumamente valiosa por los elementos

---

[8] PONGE, Francis. (1995). *La práctica de la literatura*. Tentativa Oral. Córdoba. Alción Editora. Pág. 57.

[9] Autor trabajado en el marco de un seminario del CIEC coordinado por Diana Paulozky.

[10] LACAN, Jacques. (1998). *Función y campo de la palabra y el lenguaje en psicoanálisis*. Escritos I. Bs. As. Siglo XXI editores. Pág. 309.

que introduce y que podrían ser tomados ante el desafío antes planteado.

Francis Ponge, contemporáneo de Lacan, nace en 1899, es reconocido como uno de los poetas franceses más importantes de la posguerra y en particular a partir de la década del '60 y constituye un emblema literario. Ponge expone una idea largamente desarrollada por los escritores de un determinado periodo de la literatura. Michel Foucault en *De lenguaje y literatura* marca el notable cambio que se produce en la literatura a partir del siglo XIX. Esta marca tiene su particularidad en la llamada crítica literaria, donde no se trata de una nueva producción sobre un texto que la precede, sino que es en la producción literaria misma donde se explicita la pregunta: ¿qué es la literatura?. Representan esta época autores como: Blanchot, Ponge, Bataille, Klossowski. Es en la creación literaria donde los autores se sumergen a dar cuenta de la falta, el quiebre, la distancia, el silencio en la experiencia del lenguaje. *"La palabra no dará cuenta de algo otro sino en la medida en que dé cuenta de sí y de su ser siempre como en otro lugar"*[11]

Siguiendo a sus contemporáneos, Ponge teoriza y se sumerge en esta experiencia del sujeto ante la imposibilidad del nombramiento íntegro de la cosa. De una parte, la cosa condenada al silencio, y de la otra, la herramienta del lenguaje que intenta atraparla. No hay pasaje directo del mundo-cosa al mundo-palabra, no hay permeabilidad total entre ambos mundos, sólo hay imitación y sensibilidad. El autor a través del texto escrito gira, rodea, contornea, hace borde del vacío en la pretensión de un nombramiento siempre fallido. *"No se puede íntegramente, no se puede hacer pasar nada de un mundo al otro, pero hace falta para que un texto cualquiera que sea, pueda tener la pretensión de dar cuenta de un objeto del mundo exterior, hace falta al menos que alcance la realidad en su propio mundo, en el mundo de los textos. Es*

---

[11] FOUCAULT, Michel. (1996) Prefacio de Angel Gabilondo en *De lenguaje y literatura*. Barcelona. Ed. Paidos. Pág. 32.

decir que exista en el mundo de los textos, que cobre allí un valor personal (...) Es decir, que sea un complejo de cualidades tan existente como el que presenta el objeto".[12] Vemos que ante la ineludible falla, Ponge propone *"tomar el partido de las cosas"*[13] es decir, levantarle la piel a las cosas, hallar la cosa viva, lograr a través de la palabra una imitación del mundo de los objetos. Para ello, será necesario que a partir de su disposición, la palabra tenga una complejidad, un espesor, una presencia. Se trata, para Ponge, de que en este *"tomar el partido de las cosas"* podamos entregarnos a cierta sensibilidad hacia los objetos, tomar al objeto en su inmediatez y dejarnos atrapar por su evocación. Ir en busca de como resuena para cada quien ese objeto sometido o condenado al silencio, sacarlo de su mutismo. En este ir al objeto en su inmediatez habrá una evocación singular cada vez, en cada cual. Ponge es sensible a esos objetos permanentes, cotidianos y relegados al olvido. Si uno encuentra allí una nueva cualidad, ¿porqué no proponerse la escritura de un poema a la "colilla del cigarrillo"? ¿O a la piedra? ¿Y al durazno? *"Ustedes tienen una idea profunda de la toalla de felpa, todo el mundo tiene una. Eso quiere decir algo para cada uno, pero nunca nadie tuvo la idea de que eso era la poesía, que de eso se trataba, de esa idea profunda."*[14]

Es justamente a esto a lo que nos convoca Lacan cuando nos conmina a encontrar *"una vía de retorno al uso de los efectos simbólicos en una técnica renovada de la interpretación"*[15], subrayando que esta vía no hay que buscarla sino en la propiedad principal de la función de la palabra: la evocación. La palabra, es cierto, tiene otros usos como informar, comunicar, revelar, pero aquí se trata de *"restituir a la palabra*

---

[12] PONGE, Francis. (1995) *La práctica de la literatura.* Córdoba. Alción Editora. Págs. 50/51.

[13] PONGE, Francis. (1995) *Tentativa Oral.* Córdoba. Alción Editora. Pág. 25.

[14] PONGE, Francis. Op. Cit. Pág. 30.

[15] LACAN, Jacques. (1998) *Función y campo de la palabra y el lenguaje en psicoanálisis.* Escritos I. Bs. As. Siglo XXI editores. Pág. 283.

su pleno valor de evocación"[16]. El valor de la palabra no se halla sólo en lo que dice sino en el efecto que causa, es decir, aquello que evoca. Así, al finalizar *Función y campo…* Lacan cita el texto donde los Devas, los hombres y los Asuras dan diferentes conclusiones sobre un mismo enunciado pero a todos ellos el Prajapati responde: *"Me habéis entendido".* Pone así en primer plano el valor de la evocación singular de un mismo enunciado. Es notable que dentro de la vasta literatura francesa, Lacan nos remitiera a la obra de Ponge. Quizás se termine con la palabra polvorienta, con el ronroneo, con el anecdotario, simplemente *"tomando el partido de las cosas"*, tomando en cuenta esa idea profunda de la toalla de felpa y borrando así la obviedad en lo escuchado.[17]

Sostengo que estos enunciados acerca de la poética que abren la enseñanza de Lacan no son únicamente enunciados que conciernen a la técnica interpretativa, son enunciados que conciernen directamente a la ética en psicoanálisis, es la pregunta a la cual se confronta cotidianamente el analista: ¿es ésta una clínica del dormir o del despertar? Tomé como referencia principal uno de los textos pivotes que inaugura los Escritos, sin embargo, creo que la experiencia poética ha sido y es un interrogante permanante para la clínica. Por ello, para finalizar, tomo un pequeño y esclarecedor párrafo de uno de sus últimos seminarios: dice Lacan a propósito de la escritura poética china: *"¿La verdad despierta o adormece? Eso depende del tono con el que es dicha… Si ustedes son psicoanalistas verán que es el forzamiento por donde un psicoanalista puede hacer sonar otra cosa que el sentido. El sentido, es lo que resuena con la ayuda del significante. Pero lo que resuena, eso no llega lejos, es más bien flojo. El sentido, eso tapona. Pero con la ayuda de lo que se llama la escritura poética, ustedes pueden tener la dimensión*

---

[16] LACAN, Jacques. (1998). *Función y campo de la palabra y el lenguaje en psicoanálisis.* Escritos I. Bs. As. Siglo XXI editores. Pág. 284.

[17] Julio Cortázar en el Capítulo 73 de *Rayuela* escribía: *"quizás el error estuviera en aceptar que ese objeto era un tornillo por el hecho que tenía la forma de un tornillo. Picasso toma un auto de juguete y lo convierte en el mentón de un cinocéfalo. (…) Del tornillo al ojo, de un ojo a una estrella…¿por qué entregarse a la gran costumbre? Se puede elegir la tura, la invención, es decir, el tornillo o el auto de juguete".*

de lo que podría ser la interpretación analítica."[18]

La poesía nos remite al desafío inicial: otorgarle nuevamente a la palabra su plena función de evocación. Se tratará entonces del o de los recursos del analista para restituirle a la palabra su plena función, para que el orden de la escritura oral tenga lugar, para que el dispositivo sea un lugar de subversión del sentido, subversión aún del sujeto, que sabemos, llega enfermo y responsable de la elección del sentido. Más aún, para hacer del dispositivo analítico un lugar vivo, un lugar para el despertar del sujeto, ese sujeto que llega inmerso en el sueño de un decir que desconoce. ¿Y cómo hacerlo? No hay recetas ni fórmulas. Ponge nos aporta su idea: el gusto. Hacerse cargo del propio gusto. *"Es así: sin vergüenza, elegir su propio gusto, pero ser terriblemente nítido en eso. Tenemos el gusto cuando…uno sabe muy bien en el fondo si uno es honesto. Uno sabe lo que ama, hay que elegirlo, hay que tener coraje del propio gusto y no solamente de las propias opiniones, porque creo que el gusto es algo más vital aún que las ideas (…) La cosa está formada en el gusto antes de que empiece solamente a ser dicha."*[19]

El estilo es propio y singular a cada uno, elegir el propio gusto no es la elección de un simple atributo o artificio sino sustancia. El bien-decir hace al encuentro de lo más singular.[20] Un estilo podrá analizarse pero nunca compar-

---

[18] LACAN, Jacques *"Lo no sabido que sabe de la una –equivocación se ampara en la mora"*. Clase del 19 de abril 1977. Seminario inédito.

[19] PONGE, Francis. (1995) *La práctica de la literatura.* Córdoba. Alción Editora. Pág. 54.

[20] 20 Cf. JENNY. "Laurent en Sur le style littéraire y L'objet singulier de la stylistique". Revista «Littérature» números 89 y 108 Ed. Larousse.
Tomo los aportes de Laurent Jenny quien trabaja la cuestión del objeto específico en el análisis del estilo literario. El autor propone un análisis del estilo literario que se aleja de los análisis descontextualizados de las 'ciencias del discurso' (análisis gramatical, retórico y pragmático) donde se produce una suma de elementos estilísticos heterogéneos. El autor propone un análisis de estilo literario que produzca finalmente un «modelo de uso singular del discurso» teniendo en cuenta que la estilística debe enfrentar lo más real de la literatura, ese real es designado por el autor como el punto de fuga de cualquier esfuerzo descriptivo, esfuerzos sostenidos por un ideal científico que terminan por arrancarle al objeto literario su más alta singularidad. El objeto de una estilística literaria no es el

tirse. El *hacerse cargo del propio gusto* de Ponge deja fuera la posibilidad de la alienación del analista a los modismos analíticos de cada grupo.

Bibliografía

FOUCAULT, Michel. (1996) *De lenguaje y literatura.* Barcelona.Ed. Paidos.

JENNY, Laurent. "Sur le style littéraire y L'objet singulier de la stylistique". Revista «Littérature» números 89 y 108. Ed. Larousse.

LACAN, Jacques. *Homenaje a Marguerite Duras, del rapto de Lol V. Stein. Intervenciones y Textos II.* Bs. As. Ed. Manantial.

LACAN, Jacques. *La jeunesse de Gide ou la lettre et le désir. Ecrits II.* Paris. Ed du Seuil.

LACAN, Jacques. (1988) *Función y campo de la palabra y el lenguaje en psicoanálisis. Escritos II.* Bs. As. Siglo XXI editores.

LACAN, Jacques. *Problemas cruciales para el psicoanálisis. Seminario XII.* Seminario inédito.

PONGE, Francis. (1961) *Le grand recueil II, Méthodes.* Paris. Ed Gallimard.

PONGE, Francis. (1995). *La práctica de la literatura. Tentativa Oral.* Córdoba Alción Editora.

PONGE, Francis.(1995) *Tentativa Oral.* Córdoba. Alción Editora.

REGNAULT, François. (1995). *Conférences d'esthétique lacanienne.* Paris. Ed. Agalma diffusion Seuil.

SOLLERS, Philippe. (2003) *Illuminations (A travers les textes sacrés)* Paris.Editions Robert Laffont, SA.

---

discurso literario entre otros discursos sino un estilo singular modelizado en el campo de un obra. Vemos entonces como, al igual que en la enseñanza de Lacan, en el análisis literario del estilo se ha producido un movimiento que va del análisis estructuralista a la importancia de lo real. Texto trabajado en el marco del seminario de investigación: *El psicoanálisis, del método al estilo* a cargo de Marie-Hélène Brousse, año 2003/2004. Departamento de psicoanálisis. Universidad Paris VIII.

CORUSCANTE

Omar Torioni

> *"No miro con los ojos*
> *las palabras son mis ojos*
> *Adán de barro*
> *no una metáfora..".*
> *Octavio Paz*
> (Fragmento del poema
> "Pasado en claro")

Hasta mediados del siglo XIX, literatura designaba un campo de producciones escritas y orales que abarcaba procesos de lecto-escritura (aprendizaje), oralidad discursiva y las producciones escritas de autor. Era un término más vasto que el uso que actualmente le damos y que se vinculaba a ciertos saberes de la lengua oral y escrita, relacionados al conocimiento de la gramática, la retórica, la historia etimológica de la lengua, el bien decir o la manufactura de textos ficcionales o no, como redacción de documentos oficiales, cartas, ensayos filosóficos o de otro tipo, además de los tradicionales poesía, drama, novela y cuento. Hay que pensar que hasta que no fue necesaria, por razones económicas, la escolaridad masiva de la población mundial, las personas que accedían a esta formación eran muy escasas.

A partir de la Revolución Francesa, se estructura lo que Bourdieu llama el campo intelectual del que emerge una serie de categorías que designan a los actores y a sus funciones. Aparecen así el editor, el autor, los lectores... etc., a los cuales es fácilmente adjudicable una función de tipo económica y/o simbólica. El escritor sería así un productor de bienes simbólicos, los lectores sus consumidores, el editor un capitalista, manufacturero y distribuidor.

Desde esta o cualquier otra corriente sociológica, se vería a la literatura como un producto más en la circulación de bienes y servicios, pero poco se podría agregar acerca de la intencionalidad de la misma, de sus sistemas representativos o del sujeto de escritura / lectura involucrados en ellos.

La literatura es una producción discursiva que por no tener una función social necesaria o específica, se apropia, eventualmente, de todas las formaciones discursivas que articulan el funcionamiento de la sociedad. Podríamos decir que es excéntrica o que se resiste a entrar en la lógica de la mercancía. Por supuesto: se consumen muchos libros y se publican muchas nimiedades, pero la edición no es la literatura: publicar no es escribir.

A pesar del afán clasificatorio del siglo XX, a pesar del gran auge de las corrientes literarias, desde la estilística hasta el postestructuralismo, la literatura nunca ha podido ser definida intencionalmente; como consecuencia, las categorías de obra literaria, géneros literarios, autor, etc. no la describen ni funcional ni estructuralmente. A lo sumo, describen sus efectos.

No hay literatura sin escritura y hoy (según la tribu de lectura que habitemos) hasta podemos llegar a decir que no hay escritura sin literatura, con lo cual podríamos darle, porqué no, la razón a T. Bunge al decir que Freud y Lacan son literatura.

El problema está, me parece, en que la literatura presenta un régimen disimétrico entre literatura como régimen social y (su) escritura, sujeta a un régimen pulsional.

Los primeros pliegues

Nunca hubo una sola corriente o tendencia literaria, con lo cual puede pensarse que los textos literarios han escapado a un canon de la representación. En sí mismos, los géneros literarios tendrían cada uno a su cargo la representación de un aspecto de la vida humana y según las modas y las épocas, representarían la representación de este aspecto.

Así, podríamos decir que la poesía es el género que expresa un estado subjetivo o interior, el cuento tematizaría un rasgo (una cifra, dirá Borges), la novela contaría el mundo y el drama sería una mímesis del accionar social.

Respecto a la mímesis, recordemos que Aristóteles hacía de ella el procedimiento esencial por el cual el arte dramático copiaba a la realidad. De ahí su legislación respecto a la composición de los actos y las escenas, las unidades de tiempo, de lugar, de acción... Este tipo de construcción discursiva no sólo pretendía una finalidad estética, sino que purificaba al auditorio de sus hibris.

Las reglas de la tragedia o de la comedia, la existencia de una hipercodificación de los metros, las rimas, las tiradas de versos, o los límites de lo decible, señalan en cualquier sociedad un código de representación centrípeto y consistente. Los autores, para existir a los fines de habitar ese discurso, debían arreglárselas para meter lo suyo en el formato rígido del estándar. Por caso, pongamos a la retórica -cuyo imperio duró alrededor de dos mil años en los cuales crecieron geométricamente sus postulados y categorías. Hoy todo esto está olvidado.

Después del Renacimiento, se producen profundas transformaciones en la subjetividad de los individuos. Se trata de una época laica, con el advenimiento de la ciencia y un mayor dinamismo y flexibilización en las posibilidades discursivas. Esta situación se profundiza a partir del siglo XIX.

Desde su inicio, el Romanticismo busca explicitar una realidad no sensible explorando fantasías y estados del alma, aún forzándolos por el uso de narcóticos como el láudano. Este forzamiento pretendía dejar aparte la realidad inmediata, concreta, material de la sociedad. Una de las estrategias textuales de los románticos era tomar distancia del presente y del ambiente geográfico inmediato. Es decir, contar en un tiempo pasado (mítico o no) y en un lugar exótico. Para los estados del alma, armaban un contraste entre los valores canónicos como dios, la familia, etc. y al desafuero de las pasiones abyectas.

Como el canon de representación ya estaba roto, era de esperar que casi contemporáneo al Romanticismo surgiera una tendencia cuyo verosímil fuera contar el mundo. Me refiero al Realismo (luego Naturalismo) cuyo proyecto narrativo es la narración del mundo, es decir: de todos y cada uno de sus aspectos.

Si el Romanticismo había echado mano de la poesía y del drama, el Realismo se desarrolla desde la novela. Hay una homología de base en una fórmula bastante simple: la novela es igual al mundo; el mundo es igual a la sociedad/individuo. Surgen así los tipos, los caracteres y los ambientes.

Finalmente, pasado mediados de siglo, surge una corriente literaria centrada sobre todo en la poesía, que hereda lo mejor de la tradición literaria y que está en la base de cualquier tendencia poética del siglo XX. Me refiero al Simbolismo, cuyo programa discursivo se ancla en la posibilidad de referirse al objeto a través de consideraciones conceptuales e indirectas.

No es el propósito de esta intervención desarrrollar cada tendencia, sino anotar por breves referencias, que la posibilidad de representar la cosa era cada vez más densa, más opaca. En este sentido, recordemos que Foucault ubica el divorcio entre las palabras y las cosas justamente a fines del siglo XIX y coincidiendo con la aparición de los metarrelatos (marxismo, psicoanálisis).

Desde finales del XIX hay una imposibilidad creciente de relatar desde la literatura algo que refleje o refracte aspectos de la vida social. El/los discurso/s de la literatura se vuelve/n intransitivos. Se muestra la cocina de su escritura, se incorporan registros no usados antes, como por ejemplo los papeles privados en Proust. Si Kafka es frecuentemente usado como pórtico de la literatura del siglo XX, es porque su obra refiere esta mutación o cambio profundo que iba en aumento: la ley, la ley de lo decible, de lo escribible, los límites del discurso, estaban rotos.

Surgen las vanguardias, cada una con sus postulados, sus declaraciones de principios, etc. pero que tomadas en conjunto, muestran intentos fractales de sostener una visión de mundo. Todavía antes de la segunda guerra mundial esto es en cierto modo posible por la inercia de los modelos de mundo de la modernidad o cualquier otra palabra que designe las imago mundi. Poco después esto ya no se sostendrá: no se tratará de imago, sino apenas de amago, como en el psicoanálisis...

Entonces, además de las posiciones progra-máticas de algunos grupos, aparece una literatura de autor, identificada con el autor por sostenerse de algún real inédito discursivamente. Por caso, la literatura de Proust, Joyce, Hesse, Yourcenar, Borges. La diferencia con las marcas de autor en siglos anteriores, es que lo propio del autor se adecuaba al género, según el canon. Por ejemplo, las obras de Shakespeare, o los versos de Milton.

Un segundo quiebre

Luego de la segunda guerra mundial podríamos hablar de una mutación cultural. Más que una novedad, el estándar de producción es lo subversivo, lo que da vuelta el género, lo que no se propone ni como mensaje, ni como modelo. Esto se ve en varios aspectos de las producciones literarias.

- La voz narrativa, ya no corresponde preponderantemente a un sector identificado socialmente. No es la voz de un autor (masculino), sosteniendo un discurso (el orden del discurso) con categorías heredadas de la tradición occidental en la variante del proyecto moderno (falocentrismo, logocentrismo, etc).

- La escritura literaria se repliega. No plantea una lógica de centro-margen, sino más bien una red errática o fractal. El mundo como proyecto no sostiene el discurso. La comunicación de las categorías de ese mundo tampoco se textualizan.

- En la construcción oracional, se notan experimentos

para romper el discurso corriente (de los géneros literarios). Por ejemplo, a la gauchesca criolla (masculina y mostrenca) L. Lamborghini le opone un intento de una gauchesca femenina. Aparecen textos en los que no es la narración la que sostiene el decir, sino un puro juego de lenguaje.

- Un juego de lenguaje como automatismo, que rompe las posibilidades del sentido, aún en su variante anfibiológica. La puntuación, por caso, se reduce o desaparece para hacer lugar a un continuo que tritura (rellena) la superficie discursiva de puros significantes[1].

A estas marcas, hay que agregar la velocidad informativa que suprime la subjetividad del lector. El modelo por excelencia de esto sería el video clip, que sin trama, no produce una lectura propiamente dicha, sino más bien que suscita la mirada, como los espectáculos.

Es decir que la mutación cultural, si es tal, implica la desaparición de un padre como límite de apropiación discursiva[2] y en consecuencia el uso de los textos es indiscriminado. ¿Estaremos hablando aquí de un tipo de comunicación psicótica? ¿Es posible, desde esta perspectiva, la comunicación psicótica?

La desaparición de la stesis ("contemplación" según Adorno) y la sustitución por el consumo de la obra, la destitución del sentido por mecanismos que vulneran todo supuesto representativo, la modificación de la posición de lector de leyente a leído y la aparición-destitución de producciones discursivas inestables o incluso alofónicas, serían los indicios del lugar dejado vacante por la representación y permitirían inducir sus efectos.

La representación ha sido una gran mediadora entre el real y el simbólico. Sea en las variantes culturales de mímesis

---

[1] El comentario de Lacan al respecto es acerca de Joyce, pero pueden anotarse *La traición de Rita Hayworth* de M. Puig o las novelas de O. Lamborghini. En una variante distinta *Farabef* de Elisondo plantea una sucesión de capítulos homólogos a fotografías que van construyendo una única escena.

[2] BAJTÍN, M. "Hacia una nueva metodología de las ciencias humanas" en *Estética de la creación verbal*, Ed. Siglo XXI.

aristotélica, o en lo que respecta a la estructuración subjetiva, la representación ha permitido el recorrido de diversos imaginarios, ha permitido el consenso (el "con-sentido") y desde el punto de vista del lector, ha posibilitado sus identificaciones.

En cambio, su caída deja un vacío que convoca al horror. Si esto hace época actualmente, no es sin embargo, algo nuevo. Desde principios del siglo XIX existen algunos cuentos que ilustran lo siniestro y Freud no dejó de verlo. En esta serie, entrarían los cuentos de E.T.A. Hoffmann, de Poe, de Saki y la mayoría de los incluidos en la Antología del Cuento Fantástico elaborada por Borges, Bioy Casares y Ocampo.

Pensar lo actual del vacío de la representación, sería también considerar sus orígenes para establecer una hipótesis. Como dijo Jorge Alemán *"...todo ha cambiado tanto que al final perdió toda verosimilitud y ahora, cada vez más se solicita un pensamiento que vuelva recuperar, que no sea una mera celebración del desvanecimiento del todo."*[3]

---

[3] En "Mediodicho" N° 18.

LA PINTURA DEL SIGLO XX UN ARTE QUE AGUJEREA

Mariana Gómez

> *"...el arte puede enseñarnos a ver*
> *de un modo distinto".*
> *J.L. Borges*

La producción artística, a diferencia de la industrial, conlleva una particularidad y es la de poseer fallas. Estas fallas, marcas, remiten a un nombre propio, a una impronta. *"Hay un sujeto cuando hay un defecto en el objeto"*[1]. Por eso, para Wacjman, y parafraseando a Lacan, el Arte no existe, lo que existen son las obras-de-arte.

En este trabajo y desde este lugar, me propongo intentar algunas reflexiones sobre la pintura como expresión artística durante el siglo XX, a la luz de algunos conceptos psicoanalíticos.

Pero no quisiera continuar sin antes despejar la pregunta que se hace Regnault, y es: ¿qué autoridad le da Lacan al psicoanálisis para hablar de arte?

Lo primero que tenemos es la enunciación Lacaniana: no existe el psicoanálisis aplicado a las obras de arte, *"el psicoanálisis sólo se aplica, en sentido propio, como tratamiento y por lo tanto, a un sujeto que habla y oye"*[2]

Freud también sostuvo que el psicoanálisis no llegaría al fondo del misterio de las obras de arte, ya que por estar el don artístico y la capacidad de trabajo ligados a la sublimación, la esencia del arte se hace "psicológicamente"

---

[1] WAJCMAN, Gérard. (2001) *El objeto del siglo*. Bs. As. Amorrortu.

[2] LACAN, Jacques. *Juventud de Gide* citado por REGNAULT, François. en *El arte según Lacan*.

inaccesible.

Sin embargo, y pese a la posición de ambos autores, el arte puede y ha hecho avanzar a la teoría psicoanalítica y esto no se le escapa a Freud desde el momento en que no cesó de referenciar en todo su trabajo tanto a creaciones literarias como a obras pictóricas para dar cuenta de cuestiones teóricas fundamentales como el deseo, el amor, la mirada, el padre, la sexualidad, la muerte. Por su parte, Lacan ha utilizado en varias oportunidades expresiones artísticas, principalmente la escritura, para arribar a un diagnóstico clínico sobre el autor y su posición subjetiva.

Entonces, si bien no es pertinente pensar en un psicoanálisis aplicado al arte, sí es posible realizar algunas lecturas desde conceptos psicoanalíticos que permitan comprender algo de la subjetividad de un autor a partir de su producción artística. Pero además, por analogía y porque el psicoanálisis se autoriza a ello, también es válido suponer que el arte puede otorgarnos claves para entender algo sobre la subjetividad de la época. Desde este lugar, vemos cómo el arte a lo largo de la historia, a través de diferentes formas o estilos y con distintas técnicas y lenguajes ha señalado, denunciado, revalorizado y mostrado todo lo que pudo haberla signado.

Lacan, desde el psicoanálisis, nos enseña que el arte organiza algo alrededor de un vacío, abriendo así el camino hacia la dimensión de la mirada. Ese vacío representa la Cosa, pudiendo ésta sólo ser representada por otra cosa.

Regnault en su escrito *El arte según Lacan* nos señala que esa Cosa es un objeto que nunca será reencontrado a la manera freudiana, porque nunca ha sido perdido. Pero tampoco ha sido dicho, sino que se desliza entre las palabras y las cosas. Por eso situamos a la Cosa entre lo real y el significante.

En términos derridianos podríamos decir que de lo que se trata es de una presencia diferida a partir de la cual siempre existe la postergación del encuentro con la Cosa misma. Lo que importa no es el encuentro, sino el eterno desencuentro con la misma.

Estas consideraciones nos llevan a tener en cuenta no solamente el punto de vista del autor de la obra, sino también lo que ocurre con el espectador de la misma. Por eso Lacan plantea la cuestión del cuadro que nos mira, y nos recuerda *"...el cuadro es sencillamente lo que es todo cuadro, una trampa para cazar miradas. En cualquier cuadro, basta buscar en la mirada, en cualquiera de sus puntos, para precisamente verla desaparecer..."*[3] pues en el campo de lo visible, la mirada que está afuera, es ese objeto de lo más evanescente en su función de simbolizar la carencia central que vehiculiza el deseo inconsciente.

El creador suple con la producción de su obra el débil sostén fálico, dice Lacan. El magnífico enigma del artista es el saber-hacer-ahí. Pero también hacer gozar al ojo y al cuerpo que va con él.

Wajcman señala que puede pensarse en dos tipos de arte, uno que tiene que ver con la sublimación y otro que apunta a lo real. Así, como para Freud la función del arte es llenar una falta, tapar; para Lacan, hay un arte que agujerea. Y esto es lo que ocurre con los artistas del siglo XX en donde encontramos un arte que parece estar en la tensión constante de un retorno hacia lo real. Un arte que apunta a éste.

Con la caída, ocurrida durante los primeros años del siglo XX, de la representación renacentista adueñada de los paisajes, los rostros y los cuerpos y, coincidentemente, con el descentramiento del sujeto cartesiano -definible éste desde un único punto de vista- surgen los movimientos que cuestionan la estética imperante. Se produce el abandono de la ilusión de profundidad y de perspectiva. La imagen sufre la fragmentación cubista, aparecen los paisajes oníricos del surrealismo y se genera un deslizamiento de lo concreto a lo informal y abstracto. La realidad ya no es representada, sino construida y el arte plástico deja la semejanza icónica

---

[3] LACAN, Jacques. (1992) *Seminario XI, Los cuatro conceptos fundamentales del psicoanálisis.* Bs. As. Ed. Paidos.

para pasar a ser un lenguaje.

Así, este tipo de estética, tomando como punto de partida al ready-made duchampiano, tiende a establecer un límite impreciso entre arte y realidad, en un siglo caracterizado por la concepción de un mundo digno de ser visto, y en el cual el hombre se convirtió en un ser de la visión y el mundo, en omnividente.

Ready made es una palabra inglesa que en una traducción no literal, designa lo ya visto, y que deriva en el objeto encontrado del surrealismo. Surge de un acto practicado por primera vez por Marcel Duchamp en 1915, y que consistió en ubicar artísticamente objetos producidos industrialmente, con una mínima o ninguna intervención, declarándolos de esta manera obras de arte, porque según este artista, *"arte es lo que se denomina arte"* y por lo tanto, lo puede ser cualquier cosa.

Los primeros ready made fueron una rueda de bicicleta montada sobre un banquillo de madera, y un urinario que Duchamp tituló "Fontaine" provocando gran perplejidad y exaltación en la crítica, generando todo tipo de discusiones semánticas y cuestionamientos diversos sobre las categorías estéticas que determinan qué es arte y qué no lo es. Marcel Duchamp rompe en forma definitiva con el mundo estético de las apariencias estableciendo la in-estética como fin, jugando con el absurdo y el humor, al tiempo que proclama la carencia y el ridículo de una tecnocracia paralizada por el exceso de su propia eficiencia.

Surge así la idea del objeto de arte, despojado de toda utilidad tecnológica. Un objeto que, *"aligerado de lo útil, adquiere así todo su peso, cargado con la pesadez de una pura presencia visible. Útil, only for your eyes"*[4][5].

---

4 WAJCMAN, Gerard. *El Objeto del siglo.* Op. Cit.

5 *Vemos* que objetos que aparentemente están hechos con tan poca intención de agradar, se venden a precios como los que se venden. De esta manera, la obra termina convirtiéndose en una mercancía de alto lujo, sólo para ser apreciada por unos pocos y esto no deja de tener consecuencias, al menos sobre nuestra reflexión y más allá, como señala Hubert Damisch, de la obra particular, sobre nuestra relación con el arte mismo. En ese sentido, el

En el arte moderno, al sujeto espectador se le encarga la tarea de comprender la obra, que no se reduce únicamente a la contemplación. Así, la obra termina constituyéndose, como dice Valéry, en un problema. Un problema que afecta en primer lugar al ojo. Por otro lado, las reflexiones, generalmente abstractas que puede generar el arte moderno se desarrollan en el contacto con las obras y a partir de dificultades perceptivas que obligan a ir de la imagen al cuadro. Esto es lo que ocurre con el "Portrait d'Ambroise Vollard", de Picasso, en donde la constitución de la imagen se ve constreñida en cada instante a una tarea que se debe reanudar en cada momento.

Dicho en términos de Wajcman, cuando un sujeto está frente a una obra, principalmente del arte moderno, se pregunta por lo que esa obra muestra y sobre lo que el autor quiere de él en tanto espectador. Es decir, "¿qué quiere él de mí al mostrarme eso?"

Y es esta la pregunta -"*¿qué me quiere?*", diríamos con Lacan- que separa un retrato, una batalla, una mujer pintada por Rafael o Delacroix, de lo que podemos ver en el siglo XX a través de un Picasso o un Matisse, con excepción de la misma exigencia de calidad. De la misma manera, los criterios que permiten juzgar un paisaje de Monet difieren totalmente de los que nos habilitan una lectura de una tela de Estéve.

La revolución que experimentaron la escultura y la pintura durante el pasado siglo es sin duda la más profunda que haya sacudido jamás a las artes plásticas y si bien estudiosos del arte, y no sin cierta ironía, profetizaron que la tela-ventana (con un alto, una profundidad, una izquierda y una derecha), hubo de ser reemplazada por una tela-billar, chata y legible desde cualquier lado, lo cierto es que las artes plásticas nunca habían sido más concretas, más comprometidas y cercanas a la realidad que durante

---

proceso por el cual el artista, condicionado muchas veces por los mecanismos del mercado, logra hacerse conocer, es casi siempre imprevisible. PICASSO, P. *Habla Picasso*.

el siglo que acaba de concluir.

De la adoración a las plantas, a las ondas marinas, a las piedras y a las figuras humanas, los pintores pasaron a convertirse en amos, pero con el fin de hacer saltar la realidad imperante, de develarla para no negarla.

De esta manera, la plástica contemporánea termina por encarnar lo universal, en la medida en que no parte de lo particular más que para realizar en forma más cruda la actualización de nuestro ser ahí, de nuestro vacío subjetivo, aun sabiendo, como sostuve más arriba, que el encuentro con lo real, con la Cosa, nunca acontecerá de manera total. Esta certidumbre es tal vez lo que lo llevó a Picasso a enunciar lo que Lacan haría propio: *"En pintura se habla mucho de búsqueda. Mi opinión es que en pintura la búsqueda carece de sentido. Lo que cuenta es hallar, no buscar."*[6]

Desde el comienzo, artistas como Picasso, Leger, Braque se esforzaron por ir a las cosas mismas, esperando descubrir el camino hacia la esencia misma de éstas y encontrar algo de la subjetividad alrededor de la cual se centra el carácter irrefutable del ser, golpeando y agujereando al espectador.

Sin embargo, los efectos no fueron inmediatos tal como quizás hubieran querido estos artistas. De las pinturas más importantes de la primera mitad del siglo XX proporciona la prueba de esto Guernica.

En 1936, la guerra civil estalla en España. Picasso se posiciona inmediatamente contra Franco, ubicándose del lado de los Republicanos. El primero de mayo de 1937 bombarderos nazis llamados por el dictador español, destruyen el pueblo vasco de Guernica. El bombardeo duró cuatro horas y aniquiló instantáneamente el pueblo dejando mil seiscientos muertos y miles de personas heridas y sin techo.

Frente a este acontecimiento, Picasso conmocionado, pocas semanas después, arroja su cólera sobre un paño de ocho metros de largo y tres y medio de ancho. Nace Guer-

---

[6] PICASSO, Pablo. Op. cit.

nica, un enorme mural considerado por muchos como una de las obras artísticas individuales más importante del siglo XX.

Picasso exhibe su obra en el Pabellón Español de la Exposición Internacional de París de 1937. El cuadro no retrata el acontecimiento en sí, sino que expresa en él la violencia y crueldad del mismo mediante la utilización de imágenes como el toro, el caballo moribundo, el guerrero caído, la madre con su hijo muerto o una mujer atrapada en un edificio en llamas.

Pese a ello, resultó inaceptable para aquellos a quienes defendía: los republicanos españoles y la clase obrera. Cuando se expuso por primera vez, el público la encontró ejecutada a los apurones, incomprensible e injuriosa. Fue necesario que se desencadenara la guerra total y el exterminio en los campos de concentración para que su significación llegara a ser clara y manifiesta para todos, convirtiéndose en un símbolo de libertad y resistencia y logrando un enorme impacto como denuncia de los horrores de la guerra.

Dice Picasso *"la guerra de España es la batalla de la reacción contra la gente, contra la libertad... En la trampa sobre la cual trabajo y que llamaré Guernica y en todos mis trabajos recientes, expreso claramente mi horror de la casta militar que hizo de España un fregadero en un océano de dolor y de muerte"*[7].

Pareciera que la pintura no es tal si no es a condición de que *"se abra al mundo, que nos abra al mundo"*[8]. El arte crea y produce siguiendo el ritmo de la época pero también constituye al mundo. Así lo entrevieron pensadores como Hegel y Marx, Nietzsche y Heidegger.

La pintura, el teatro, el cine, como expresiones del arte durante este siglo han penetrado en el drama humano, público y privado, volviendo a los sujetos actores y espectadores, forzando muchas veces a la vida misma a imitar al arte.

Así, para Spilimbergo, pintor argentino, miembro de

---

[7] Ibidem

[8] FERRIER, J.L., "La paradoja de la pintura pura" en ADORNO, Theodor y otros, *El arte en la sociedad industrial*. Bs. As. Rodolfo Alonso editor.

una red internacional de artistas e intelectuales unidos por un mismo ideal de democracia y libertad e interesado por el arte político, *"pintar es un terrible compromiso no sólo con uno mismo, sino con el mundo"*. Para este autor, la pintura también fue su instrumento de intervención en esa realidad implacable que precedió a la segunda guerra mundial[9].

El drama del arte continúa desarrollándose en medio de una lucha de los sujetos y de los objetos, más allá de lo concreto, más allá de lo abstracto, entre la figura y la desfiguración, en realidad, dos caras de lo mismo. Una lucha en donde se mezclan las voces de la estridencia y muchas veces del silencio culpable, una lucha generadora de un arte que golpea.

Bibliografía

ADORNO, Theodor y otros. (1973). *El arte en la sociedad industrial*, Bs. As., Rodolfo Alonso Editor.

Enciclopedia *Los impresionistas y los creadores de la pintura moderna*, Barcelona, Caraggio S.A. Ediciones. (2001)

LACAN, Jacques. (1992) *Seminario XI, Los cuatro conceptos del psicoanálisis*, Bs. As. Paidós.

MILLER, Jacques A., "Silet", clase XXII del seminario (12 de julio de 1995)

PICASSO, Pablo. (1971) *Habla Picasso*. Barcelona, G. Gilli.

RAMIREZ, J.A.(1999) *Guernica, la historia y el mito*. Madrid, Electra.

REGNAULT, François.(1995) *El arte según Lacan y otras conferencias*. Barcelona, Atuel-Eolia.

WAJCMAN, Gérard. (2001) *El objeto del siglo*. Bs. As. Amorrortu editores.

---

[9] Pero también, durante este siglo -y en muchos otros momentos de la historia- ha existido la exigencia de que el arte adaptase su visión al proyecto político propuesto, como sucedió con varios sistemas totalitarios, por ejemplo con los regímenes de Stalin, Mussolini o Hitler, convirtiendo al arte en elemento de persuasión y factor de poder.

"Guernica" de Pablo Picasso

LA REPRESENTACIÓN DE LA MUERTE O LOS LÍMITES DE LO IRREPRESENTABLE

Mónica Mercado

*"Las almas de los muertos están en los otros,
los que han quedado, y allí se van muriendo
del todo, lentamente."*
(Elías Canetti)

Presentación

Desde el título mismo, *Vacío y representación* este seminario resulta, al menos para mí, inquietante, si tenemos en cuenta que la representación convoca siempre un sentido relacionado con una presencia. Por una parte, se define como representación a la imagen capaz de devolver como idea y como memoria los objetos ausentes. Representar es hacer conocer las cosas, a través de la pintura de un objeto o a través de las palabras o de los gestos. En el sentido político o jurídico, representar es estar en el lugar de una persona ausente. Es darle presencia a un ausente a la vez que confirmar su ausencia. Pero, por otra parte, la representación se presenta a sí misma. Se presenta representando a la cosa ausente pero al hacerlo la suplanta, duplicando su ausencia.

Siempre hay en el tema de la representación un doble juego, compuesto de presencias y de ausencias, de pérdidas y de gozos, por aquello que se pierde y por lo que se gana. Pareciera que siempre en medio del juego habría algo que remite a la plenitud del sentido: o la cosa ausente, que se pretende traer nuevamente o la eficacia del artilugio representativo con el cual se revive la ausencia. Particularmente cuando éste se vale de la imagen, su completud y su potencia sensorial nos entrega a un mundo animado donde lo mirado nos devuelve su mirada.

La inquietud surge cuando advertimos que se trata de indagar acerca de vacío y representación, dos palabras que parecerían, si nos situamos en el campo de las artes visuales, excluirse y sin embargo esa pequeña letra *y* sugiere que algún vínculo será posible encontrar. Un vacío es algo que falta, es un hueco que puede llenarse y en ese caso representarse, pero para que eso sea posible el camino será no el de los posibles registros representativos (o al menos no como primera estrategia) sino el de encontrar las palabras, los gestos o los símbolos que hagan posible este trabajo que no es otro que el de la memoria.

Discursos de la memoria

Los *"discursos de la memoria de nuevo cuño surgieron en Occidente después de la década de 1960 como consecuencia de la descolonización y de los nuevos movimientos sociales que buscaban historiografías alternativas y revisionistas (...) se intensificaron en Europa y en Estados Unidos a comienzos de la década de 1980, activados en primera instancia por el debate cada vez más amplio sobre el Holocausto (que fue desencadenado por la serie televisiva Holocausto y, un tiempo después, por el auge de los testimonios)"*.[1]

En este escenario internacional se produce la inauguración, en 1993, del Museo del Holocausto de Washington que da lugar al debate sobre la *globalización del discurso del Holocausto* que según señala Huyssen, opera en dos sentidos que se relacionan entre sí. Por una parte, el Holocausto se transformó en una prueba del fracaso del proyecto de la Ilustración, evidenciando la incapacidad de la civilización occidental para tolerar las diferencias e integrarse con los otros. Por otro lado, aparece el Holocausto como un *tropos* universal que permite que su memoria se aplique a situacio-

---

[1] HUYSSEN, Andreas. (2002) *En busca del futuro perdido*. Págs. 14-15. México, FCE.

nes locales lejanas, tanto en términos históricos como políticos respecto del acontecimiento original. Sin ser ajeno a este contexto, en Argentina, se suma la situación interna de 1983 – apertura democrática – momento en que la sociedad, o al menos una parte de ella, comienza a debatir públicamente acerca de los oscuros años de la última dictadura militar. La Conadep (Comisión Nacional de Desaparición de Personas) reconstruye tramos biográficos, lugares de desaparición de personas, torturas y violación a los derechos humanos. De las cincuenta mil fojas con los testimonios de las víctimas de la dictadura se elaboró un informe cuyo título es *Nunca más*. Uno de sus logros consistió en colocar en la escena pública lo que se había mantenido como secretos del estado terrorista, hecho que generó conflictos con otros actores sociales por la legitimidad de los sentidos otorgados al pasado reciente.

Más de dos décadas han transcurrido y aún no pueden cerrarse las heridas abiertas que dejó una sangrienta dictadura famosa en todo el mundo por los miles de casos de desaparición, tortura, secuestro y asesinato, cuyo desenlace lo constituyó la invasión militar a las islas Malvinas. El trágico saldo de esta aventura militar fue que también allí quedaron miles de cadáveres y hoy miles de ex combatientes siguen reclamando ser escuchados. Continúan pidiendo que sean atendidos sus derechos: atención a su salud y pensiones dignas (por lo menos). Si admitimos que el hecho de tener que pedir implica una herida, esto agregaría otra herida ética a las muchas que nuestra sociedad todavía no puede cerrar.

Al momento de escribir estas líneas, se conmemoran los veinte años del informe elaborado por Conadep. Durante doscientos ochenta días sus integrantes recorrieron el país, inspeccionaron unidades militares, desenterraron fosas comunes, presentaron en sociedad los campos de concentración de la dictadura, viajaron al exterior para escuchar a los sobrevivientes del genocidio, en una experiencia que muchos de ellos calificaron *como un descenso a los infiernos*. *"Recordar esta fecha* (20 de setiembre) *es poner el pensamiento en los miles de hombres y mujeres que sufrieron lo indecible en los centros clandestinos de detención en todo el país hace ya tres décadas"*,[2] sostuvo en un comunicado la Secretaría de Derechos Humanos de la Nación, depositaria del archivo de la Conadep.

Nos preguntamos: ¿qué es lo indecible?, ¿es simplemente lo que se mantiene oculto (el secreto) o es aquello no dicho y que tampoco puede ser expresado a través del lenguaje? Si es esto último ¿de qué modo recordarlo cuando faltan las palabras para expresar lo vivido? Si hay ausencias de palabras en el habla social, imposibilidad de construir relatos acerca de lo vivido, inevitablemente surge entonces un vacío en la capacidad de representación psíquica. Elizabeth Jelin habla de que al faltar las palabras, faltan los recuerdos. *"La memoria queda desarticulada y sólo aparecen huellas dolorosas, patologías y silencios. Lo traumático altera la temporalidad de otros procesos psíquicos y la memoria no los puede tomar, no puede recuperar ni transmitir o comunicar lo vivido."*[3]

Esta investigadora parte de una noción de memoria que permite interrogarnos *"sobre las maneras en que la gente construye un sentido del pasado y cómo se enlaza ese pasado con el presente en el acto de rememorar / olvidar. Esta interrogación sobre el pasado es un proceso subjetivo activo y construido socialmente en diálogo e interacción"*.[4] Jelin advierte que al decir que *la gente* construye un sentido del pasado, lo hace en función de su *experiencia pasada* y en este punto sugiere una distinción: aquellos que vivieron una experiencia que se convierte en un hito central de sus vidas y aquellos *otros/as* que no tuvieron la *experiencia pasada*, para quienes la memoria es una construcción, es una visión del pasado que asume los rasgos de conocimiento compartido; sólo posible, como todo conocimiento, de ser aprehendido a través de la transmisión.

---

[2] Página/12, 21 de setiembre de 2004.
[3] JELIN, Elizabeth, "Memorias en conflicto" en *Puentes*, año1-número1-agosto 2002, pág. 8.
[4] Ibid. Pág. 8

La experiencia se mediatiza a través del lenguaje, éste en tanto que es hablado, es empleado para transportar *lo que queremos decir, nuestro pensamiento*, o como podamos designar a ese contenido que acordamos en denominar estructura psíquica. Benveniste ha reflexionado acerca de la imposibilidad de captar el pensamiento prescindiendo de la lengua, la cual está configurada en su conjunto como totalidad y organizada en unidades que pueden descomponerse o agruparse en unidades complejas. Es decir, una estructura que encierra estructuras de varios niveles y da forma al contenido de pensamiento: *"Para hacerse transmisible, (...) este contenido debe pasar por la lengua y apropiarse de los marcos de ésta. De otra suerte el pensamiento se reduce, si no exactamente a nada, sí en todo caso a algo tan vago e indiferenciado que no tenemos medio alguno de aprehenderlo como 'contenido' distinto de la forma que la lengua le confiere. La forma lingüística es, pues, no solamente la condición de transmisibilidad sino ante todo la condición de realización del pensamiento. (...) Fuera de esto, no hay más que volición oscura, impulsión que se descarga en gestos, mímica"*.[5]

Retomando el análisis de Jelin, ella destaca que la importancia de las palabras para pensar la memoria radica en que si la experiencia está referida a las vivencias subjetivas captadas de la realidad y ésta está mediatizada por el lenguaje, estaríamos hablando del proceso en el cual se construye la subjetividad. Ya que al ser la lengua una estructura informada de significación, posibilita pensar, expresarse, conceptualizar, permitiendo construir la experiencia y la subjetividad a partir de acontecimientos. Cuando se trata de un acontecimiento traumático, la memoria se desarticula, el impacto producido por la experiencia no puede ser narrado, aparece el vacío, el hueco, la imposibilidad de ponerle palabras al acontecimiento.

La única manera posible para la comunicación y la

---

[5] BENVENISTE, Emile. (1976). *Problemas de Lingüística General*. Pág. 64. México. Siglo XXI.

transmisión de un acontecimiento vivido consiste en encontrar las palabras. Lo cual permitiría transformar las vivencias individuales en *experiencias con sentido*, experiencias que al ser puestas en actos hablados construyen comunidad. Jelin aclara que esta perspectiva no se centra exclusivamente sobre la narración, sino sobre un concepto amplio de discurso. *"El poder de las palabras no está en las palabras mismas, sino en la autoridad que representan y en los procesos ligados a las instituciones que las legitiman. La memoria como construcción social narrativa implica el estudio de las propiedades de quien narra, de la institución que le otorga o niega poder y lo/a autoriza a pronunciar las palabras. (...)*

"La memoria, entonces se produce en tanto hay sujetos que comparten una cultura, en tanto hay agentes sociales que intentan corporizar estos sentidos del pasado en diversos productos culturales vistos como vehículos de la memoria, tales como libros, museos, monumentos, películas, libros de historia, etc."[6]

Espacios de la memoria: museos y monumentos

En el contexto actual de preocupación por la memoria, particularmente en sociedades que han sufrido hechos traumáticos, el debate sobre los posibles *vehículos de la memoria* se vuelve significativo en cuanto aparecen como la materialización de una lucha por los sentidos otorgados al pasado no resuelto y en constante resignificación de los acontecimientos. A diferencia de las fechas, éstas suelen tener significados más generalizados en una sociedad y en la esfera pública se comparte el trabajo de la memoria; los lugares al ser marcas en el espacio, con una materialidad que les otorga tanto fuerza semántica como condensación metafórica referida a los hechos que allí ocurrieron, se presentan como más plausibles de ser objeto de borramiento de la memoria.

La discusión acerca de los museos se vincula al tema

---

[6] JELIN, Elizabeth. Op.cit. pág. 10.

de la memoria y a la vez la excede. El museo ha sido una institución fundamentalmente dialéctica desde sus mismos inicios, ligada al descubrimiento de la historia en su sentido enfático. Museo e Historia se incluyen mutuamente como un efecto directo de la modernización, la cual supone la desorganización constante de ritmos temporales y espaciales; una de las misiones del modernismo, incluída la cultura del museo, es producir nuevos sentidos para un mundo de lo efímero y de la fragmentación.

Como señala Andreas Huyssen: *"No es el sentido de las tradiciones seguras lo que marca los inicios del museo, sino más bien la pérdida de éstas combinada con un deseo multiestratificado de (re-construcción). Una sociedad tradicional sin un concepto teleológico de la historia no necesita un museo, pero la modernidad es inconcebible sin su proyecto museal"*.[7]

Las sociedades modernas necesitaron de la creación de lugares específicos para la construcción de la memoria frente a lo que se disuelve y se transforma, el museo apareció como la institución privilegiada en la tarea de coleccionar y preservar aquello que el impulso transformador de la modernización destruye. Aunque, dentro de la lógica dialéctica de la modernidad, no sólo cumple la función de atesorar el pasado, sino también la de imaginar nuevas identidades para aquellas sociedades en proceso de cambio que sufrieron importantes transformaciones en la ciudad y su cultura.

El museo devendrá en el proyecto de la modernidad occidental como el lugar capaz de ayudar a definir las identidades de las sociedades inscriptas en dicho proyecto, trazando límites que dependen tanto de las exclusiones como de las codificaciones positivas. Al mismo tiempo, el museo será el blanco privilegiado por modernistas y vanguardistas que ven en él irremediables síntomas de cosificación cultural y muerte. El pensador frankfurtiano Theodor Adorno en "Valéry Proust Museum" ha manifestado al respecto: *"La palabra museal (propia de museo) tiene connotaciones des-*

---

[7] HUYSSEN, Andreas. Op. cit. pág. 44

agradables. Describe objetos con los que el observador ya no tiene una relación vital y que están en proceso de extinción. Deben su preservación más al respeto histórico que a las necesidades del presente. Museo y mausoleo son palabras conectadas por algo más que la asociación fonética. Los museos son los sepulcros familiares de las obras de arte".[8]

Y es este sentido, inscripto en una teoría del arte y la cultura modernista, el que se actualiza en el debate acerca de la pertinencia de los museos y memoriales en la tarea de construcción de la memoria. Ambos han tenido un lugar preponderante en las ideologías nacionalistas del siglo XIX. Los Estados-Nación al construir una imagen de sí mismos, se valieron de monumentos y museos de historia, de arte y de ciencias naturales para plasmar los valores de la nación, el individuo y la comunidad. Tanto en los países metropolitanos como en los periféricos la puesta en práctica del museo implicó la aceptación de operaciones museográficas consideradas universales. De aquí resulta una tensión: la existente entre una noción universal del museo y sus adaptaciones particulares.

La creación de museos durante la primera mitad del siglo XX, en la Argentina en general, y en la ciudad de Córdoba en particular, se inscribe en el entrecruzamiento entre el proyecto modernizador ligado a la expansión económica y la aspiración modernista de los sectores "cultos" de la sociedad.

El ideario de raíz positivista que subyacía en este proyecto mantenía una profunda fe en el conocimiento y la educación como estrategias civilizadoras. La confianza en que desde la ciencia y la cultura se podían operar las transformaciones deseadas, marcó una impronta en la construcción del país orientándolo hacia la idea de progreso. En este contexto, los primeros museos en Argentina, son concebidos como uno de los instrumentos, que a través de la acción del Estado, harán visible el proceso modernizador,

---

[8] ADORNO, Theodor. (1962). *Prismas*. Pág. 215. Barcelona, Ariel.

confiriéndole a la institución museal la específica función de formar y conservar el patrimonio cultural. La visibilidad del patrimonio tiene por cometido reflejar la cultura; si dicha cultura es la propia, el museo será eficaz en la construcción de la identidad. Es en esta aspiración que los museos al igual que los monumentos son acusados de exhibir su propio gesto hacia el pasado convirtiéndose en puras marcas o señales en vez de mantener viva la memoria.

"...el historiador alemán Martín Broszat observó que, en sus referencias a la historia, los monumentos tienden menos a recordar ciertos hechos que a sepultarlos bajo las gruesas capas de las interpretaciones y mitos nacionales. Los monumentos en tanto reificaciones culturales, reducen o, en palabras de Broszat, 'vulgarizan' la comprensión histórica tanto como la generan"[9].

Tanto el museo como el monumento han sufrido radicales transformaciones en el curso del siglo XX. Particularmente los monumentos, al situarse en la intersección entre arte público y memoria política, han reflejado las crisis de representación tanto políticas como estéticas. Artistas e historiadores han unido sus voces en la crítica a los monumentos, sugiriendo que el arte y la arquitectura moderna no pueden aliarse con lo que consideran herramientas eficaces de regímenes totalitarios.

El especialista en estudios judaicos y del Cercano Oriente James E. Young ha investigado sobre las posibilidades de monumentos y memoriales para el caso del Holocausto y señala que *"en lugar de conservar la memoria pública, el monumento no hace sino desplazarla, sustituyendo el trabajo de la memoria realizado por una sociedad con su propia forma material.(...)*

"Es como si, una vez que le conferimos a la memoria una forma monumental, estuviéramos en alguna medida liberados de la obligación de recordar. (...) los monumentos han aspirado siempre a proporcionar un locus naturalizador para la memoria, un sitio en

---

9 YOUNG, James: "Cuando las piedras hablan" en *Puentes*, año1-nª1-agosto 2000, pág. 82

*el cual las victorias y los mártires de un Estado, sus ideales y sus
mitos fundacionales, sean presentados tan naturalmente verdaderos
como el terreno en el que se encuentran"*[10]

¿Cómo recordar una ausencia?

Si la representación es capaz de devolvernos a la memoria los objetos ausentes, de dar a ver el objeto ausente (cosa, concepto o persona) sustituyéndolo por una *imagen* capaz de representarlo adecuadamente, qué estrategias son posibles en el campo de la representación artística cuando se trata de la violencia, de la puesta en discurso plástico de la muerte: no toca el arte el límite de lo que se tiene por irrepresentable. Beatriz Sarlo reflexionando sobre nuestro pasado reciente, se pregunta "*¿Cómo se representa un cadáver, cientos, miles de cuerpos muertos? ¿Cómo se imagina la muerte cuando ella, además de ser desconocida en su experiencia (como toda muerte), tiene los atributos de la crueldad, la deshumanización y el horror? Representar con precisión ¿afecta el carácter sagrado que tiene la muerte incluso para quienes no creen en un sagrado transcendente? ¿Qué discurso sobre la muerte de miles que no vuelva a expropiar a esos muertos de la singularidad humana de la que los había despojado la dictadura militar?"*[11]

Coincidimos en que estas preguntas no tiene respuesta. Valen como establecimiento de un campo de problemas cuya particularidad es que no pueden resolverse pero que, el arte, en virtud de situarse fuera del alcance de la soberanía interpretativa del mundo administrado, puede ser una instancia de condensación de sentidos, compleja, plurivalente y aunque inestable, dotado de la potencia reveladora del dato de que esto ha sucedido.

La muestra "Identidad", que se presentó en el Centro Cultural Recoleta, asume con una convicción desgarradora y tranquilizadora, a la vez, esta potencia reveladora del

---

[10] *Ibid. Pág. 82.*
[11] SARLO, Beatriz: "El mito nacional" en *Lápiz*, números 158/159.

arte en su capacidad de recordarnos que esto ha sucedido. Desgarradora puesto que nos enfrenta al hecho de que la mayor parte de la sociedad política y civil argentina, por miedo, descompromiso o ausencia de cuestionamiento hacia la dictadura militar pudo convivir con la barbarie, tranquilizadora en cuanto es capaz de mostrar(nos) el rostro de aquellos que fueron arrojados a una muerte insepulta y de este modo recuperar, simbólicamente, en cada uno de nosotros esos cuerpos negados.

"Instalación"[12] es una obra colectiva, pensada por trece artistas al modo de un sujeto, también, colectivo. Carlos Alonso, Nora Aslán, Mireya Baglietto, Remo Bianchedi, Diana Dowek, León Ferrari, Rosana Fuertes, Carlos Gorriarena, Adolfo Nigro, Luis Felipe Noé, Daniel Ontiveros, Juan Carlos Romero y Marcia Schvartz imaginaron una secuencia de fotos (de desaparecidos) y de espejos que interpela a los espectadores desde dos registros representativos: la foto de otro/a que ya no está y cuya mirada nos mira y el espejo que nos devuelve nuestra propia mirada y nuestro propio rostro mezclado en esa multitud de otro/as.

La muestra está pensada a la manera de un árbol genealógico horizontal, que recorre y atraviesa como una franja continua, a un metro sesenta de altura, la totalidad de las dos grandes salas asignadas a la muestra. Esa secuencia de fotos no es anónima, como cuando se las ve confusamente en las manifestaciones populares. Son fotos de alguno de los padres o de ambos, marcando un ritmo visual y de sentido, en el que cada núcleo familiar se completa con espejos de igual tamaño para que el espectador se vea integrando a esa secuencia genealógica desgarrada. Estas fotos son como estandartes con los que se apela visualmente al que mira.

En las fotografías de la exposición, las miradas de los desaparecidos y los secuestrados establecen ritmos y direcciones a partir de copias y ampliaciones que provienen de

---

[12] Agradezco a Fabián Lebenglik, quien me facilitó generosamente la crítica que en su momento hiciera sobre la muestra "Instalación".

algún álbum familiar o de documentos de identidad, en tres cuartos perfil. Se ve el granulado, los contrastes fuertes, la foto trajinada hasta parecer una fotocopia... Generalmente, la cara de cada uno de los jóvenes padres desaparecidos ocupa todo el campo de la fotografía. A veces, sin embargo, el plano de la foto es más general y se ve el contexto urbano. Todo remite a la individuación y a la historia única de cada vida.

Cada pareja de padres desaparecidos está acompañada de un relato breve, descriptivo y espeluznante, que desde cierta neutralidad narrativa cuenta la tragedia y resume los datos del *"niño que debió nacer en...".*

La muestra se presenta como un doble espejo: el espejo real, que refleja al espectador y anhela el rostro que encaje con la historia contada y mostrada y, por otra parte, se ve también la cara de los padres como hipotético espejo de la cara de sus hijos.

Es posible asomarse a cada espejo y entonces, por el efecto óptico, los relatos visuales y escritos se multiplican por centenares y miles. Otra vez la estética provee una certeza desde la propia forma: la certeza de la multiplicación de las historias en una misma historia, que marca un equilibrio perfecto entre las vidas particulares y la vida colectiva, entre lo individual y lo social.

La exhibición se completa con las fotos de los bebés y niños secuestrados desaparecidos, con la lista esperanzadora de los niños localizados y restituidos y la otra lista, trágica, de los que fueron localizados asesinados. Si el dolor hubiera sido exhibido sin contención, a través de un desborde expresivo, produciría un excedente emocional que no habría llegado a los espectadores. No es el caso de la exposición del Centro Recoleta, porque allí el desgarramiento y la búsqueda tienen un marco conceptual y visual que invita a la mirada a informarse y reflexionar. Pareciera que el dolor, con los años, se va destilando hasta volverse puro y conciso y al mismo tiempo comunicable a través del rigor formal.

La estructuración de estas historias trágicas -que conforman la historia trágica de la Argentina- termina anudando la lucha por la recuperación de aquellos niños con una imagen contundente, sin truculencias y al mismo tiempo sin concesiones: a través de la economía expresiva y la precisión de la verdad.

Los espectadores privilegiados y protagónicos, para quienes fue pensada esta instalación, son los jóvenes buscados por las Abuelas, aquellos rostros que, parecidos a los de sus padres, encajan en el lugar del espejo y cierran el círculo genealógico del vínculo sanguíneo. Sin embargo, estos jóvenes al reflejarse en el espejo para poder verse tendrán que cerrar los ojos. Como si el acto de ver finalizara siempre por la experimentación táctil de una pared levantada frente a nosotros, obstáculo tal vez calado, trabajado de vacíos. Debemos cerrar los ojos para ver cuando el acto de *ver* nos remite, nos abre a un *vacío* que nos mira, nos concierne y, en un sentido, nos constituye.

Bibliografía

ADORNO, Theodor. (1962) "Museo Valery-Proust" en *Prismas*, Barcelona, Ariel.

BENVENISTE, Emile. (1976) *Problemas de lingüística general*. México, Siglo XXI.

ENAUDEAU, Corinne. (1999) *La paradoja de la representación*. Bs. As., Paidós.

HUYSSEN, Andreas. (2002) *En Busca del futuro perdido. Cultura y memoria en tiempos de la globalización*. México, F.C.E.

JELIN, Elizabeth. "Memorias en Conflictos" en *Puentes*, Número 1, Bs. As., Agosto de 2000.

SARLO, Beatriz. "El mito nacional" en *Lápiz*, Números 158/159.

YOUNG, James. "Cuando las piedras hablan" en *Puentes*, Número 1, Bs. As., Agosto de 2000.

¿MÁS ALLÁ DEL VELO?

Jorge Castillo

El tema *psicoanálisis y plástica*, en principio, no parece de abordaje sencillo. Las relaciones entre el psicoanálisis, que se define como una práctica de la palabra, y la plástica, cuyo imperio es el de la imagen, no son de ninguna manera evidentes. Sin embargo, el título mismo de este ciclo puede ser tomado como una primera orientación, al menos una pista, una manera posible de abordar esta cuestión: el vacío y la representación. Tomar en cuenta esta clave deja ya de lado lo que se ha constituido en algún tiempo como una especie de vicio, de mala costumbre: la de intentar utilizar las herramientas del psicoanálisis para interpretar las producciones del arte, para analizar, psicoanalizar la obra y -lo que es todavía más riesgoso- a los artistas mismos por intermedio de su obra. Esta empresa fue dada en llamar en aquellos tiempos, tiempos que hoy podríamos llamar arcaicos, *psicoanálisis aplicado*, expresión a la que Lacan le daría un significado completamente diferente pero que originalmente se refería a esta forma de interpretar el arte. Creo que hay que remarcar en ella un error, un desatino, una desorientación inicial; éste es el de considerar al psicoanálisis con la misma dignidad que al arte. Como si ambos fuesen manifestaciones humanas que uno pudiese hacer dialogar de igual a igual; sentarlos a la misma mesa, por así decirlo. No creo de ninguna manera que esto sea posible. Los psicoanalistas sólo podemos comer de las migajas del arte. Migajas que, como diría Dante, son del pan que comen los ángeles. Migajas que son para nosotros como pepitas de oro que, con su resplandeciente fulgor, pueden iluminarnos en el tantas veces confuso camino que como analistas elegimos recorrer. Esta fue siempre la posición de Freud y también la de Lacan: la firme convicción de que, en lo tocante al alma humana, los artistas siempre nos llevan la delantera y por lo tanto habremos de dejarnos enseñar por ellos.

Sin embargo, es necesario hacer la salvedad de que esto que calificaba como un error, que llegó a ser frecuente, tiene su origen o su huella inicial en el mismo Freud, padre del psicoanálisis, quien en su famoso comentario sobre el cuadro "Santa Ana, la Virgen y el niño", de Leonardo, intentó reconstruir un fantasma sustentado en un recuerdo infantil del propio Da Vinci. Como muchos sabrán, esto fue a partir del descubrimiento, en el cuadro, de la imagen de un buitre, sombra misteriosa que se conectaba con el recuerdo infantil, en el que supuestamente un buitre habíase posado en el borde de la cuna de Leonardo niño, metiéndole su cola en la boca. Esta relación encontraba su sustento en un parentesco etimológico entre la palabra buitre y la palabra madre. La constatación, algunos años después, de que ese recuerdo no se trataba de un buitre sino de un milano y que la confusión provino de un defecto de traducción, no restó validez a la contrucción teórica de Freud pero sí nos induce a una vía de reflexión en la que bien podemos poner en tela de juicio el valor de la verdad misma. Podríamos decir que la idea que sustentaba Freud en su análisis del cuadro de Leonardo es la de creer posible tomar a la obra de arte como una formación más del inconsciente. Así, se podría conformar una serie con el lapsus, el chiste, los sueños, los síntomas y a esta serie agregar la obra de arte, el cuadro en este caso. Todos los elementos de esta serie sujetos a las mismas reglas, las mismas leyes, que son las leyes del lenguaje.

Los lectores atentos habrán captado que la referencia que se introduce aquí es la conocida frase de J. Lacan *"el inconsciente está estructurado como un lenguaje"*, frase que fue además su caballito de batalla durante buena parte de su enseñanza y que no abandonó nunca. Esta fue su manera de leer a Freud, en medio de aquel furor estructuralista del que él también formó parte. En el reino de la metáfora y la metonimia, sólo había que seguir la clave para llegar a esa verdad oculta del inconsciente. Terrible revelación a la que el buitre o ese otro buitre, la madre, nos conduce: la castración.

Quisiera mencionar aquí, ya que estamos en la introducción de Lacan en el mundo freudiano, una referencia que es más externa que interna, en el sentido en que no está muy presente en la obra de Lacan. Se trata de su relación con Salvador Dalí. Es interesante, si hablamos de la relación del psicoanálisis con la plástica, imaginar, aunque sea con unas gotas de delirio, el encuentro del joven psiquiatra Lacan y el viejo psicoanalista Freud, a través de Dalí. El genio catalán fue el único entre los surrealistas, fieles devotos del psicoanálisis, que logró despertar algún interés en Freud, al punto mismo de aceptar éste retratarse por aquel. Hay que resaltar que Freud no dio nunca demasiado crédito a los surrealistas, ni a sus teorías de la aplicación del psicoanálisis al arte ni a su forma de producción. Desconfió de ellos, los consideraba -esto está documentado en sus cartas- *completamente locos, o al menos, como el alcohol puro, en un noventa y nueve por ciento*. No entendía demasiado la devoción que éstos le profesaban. Quizás se debió a una diferencia generacional: mientras Freud era un producto de la época victoriana y su particular moral, los surrealistas, en cambio, eran ya hijos de la modernidad. Quizas influyó también el deseo de Freud de obtener de la ciencia oficial un reconocimiento para su teoría. En este sentido, el movimiento vanguardista era demasiado escandaloso para que uniera su destino a ellos. Quizás, simplemente, los surrealistas habían destrozado al psicoanálisis hasta el punto de hacerlo irreconocible para su mismo inventor. Quizás se trató, simplemente, de un infeliz desencuentro, de esos de los que se hace la historia humana. En cualquier caso, y a pesar de todo, Dalí logró conmoverlo, sacarlo al menos por un instante de su indiferencia.

Un tiempo más tarde, las breves charlas del pintor con el psiquiatra francés habrían de influir vivamente para la producción de la famosa tesis doctoral de este último. Sabemos de la relación de Lacan con los surrealistas. Lo sabemos por las referencias constantes en su obra y lo sabemos también por los documentos históricos. Entre ellos destaco una foto, una foto que me parece hermosa y elocuente a la vez. Fue tomada durante la ocupación nazi, en un altillo de París: en ella aparece Lacan rodeado de los más brillantes intelectuales de su época. Están Sartre y Simone de Beauvoir. Están Camus y Marie Bonaparte. Una verdadera pléyade reunida para ensayar la obra teatral *Los zapatos,* obra surrealista, inentendible y, hasta donde sé, representada en una única oportunidad. Su autor, Pablo Picasso, forma parte también del grupo fotografiado. Hay otras fotos. Más conocidas quizás que ésta. Fotos que son más recientes y en las que se pueden ver a Lacan y a Dalí en las calles de Nueva York. Esta reunión, que data de los años setenta, no fue la primera que tuvo tan extravagantes personajes. Ya antes habíanse encontrado, cuando Dalí era ya un pintor reconocido y Lacan se encontraba en pleno proceso de desarrollo de su tesis doctoral consagrada al estudio de la paranoia.

Entonces, Dalí con Freud y después Dalí con Lacan, un mensajero delirante. El término *delirante* no es para nada peyorativo, sino todo lo contrario: hasta podríamos pensar que el mismo Dalí lo hubiese encontrado elogioso, sobre todo si tomamos lo que fue su particular interpretación del método psicoanalítico: la paranoia crítica. La paranoia crítica es, a su vez, otro método, otra forma de interpretar la realidad, que, como su nombre lo indica, se basa en una suerte de delirio dirigido y que puede arribar, según su autor, a ciertos descubrimientos, ciertos develamientos o revelaciones. De entre ellas, la más maravillosa es la del "Angelus" de Millet. Esta obra que Millet pintó representaba (y ya tenemos uno de los términos de nuestra clave: la representación) una pareja de campesinos, cabizbajos, parados en la soledad de un campo yermo, a esa hora, también desolada, la hora del angelus, es decir, el amanecer. Dalí, que nunca conoció a Millet dado que nació casí treinta años después de la muerte de éste, por medio de esa especie de asociación libre *sui genesis* a la que llamó *paranoia crítica*, llegó a la conclusión de que entre los dos campesinos había un niño enterrado. Cuando muchos años después y luego de sortear toda clase de trabas burocráticas, el cuadro pudo ser sometido a exámenes radiográficos, se descubrió que efectivamente la escena original era aquella tan terrible e inefable: el entierro de un niño. Quizás por consejo o exigencia de su *marchand,* Millet decidió cubrir con una gruesa capa de pintura el cadáver del niño, transformando de esa manera el drama en enigma y, en el mismo movimiento, haciéndolo más soportable para el espectador. Al comenzar a hacerse los estudios en el laboratorio del Louvre, Gala le dijo a Dalí: *"Si ese resultado constituyera una prueba, sería maravilloso; pero si todo el libro (donde se desarrolla el proceso de análisis del cuadro) no fuera más que una pura construcción del espíritu, ¡entonces sería sublime!"*

La genialidad de Dalí descubrió, podríamos decir, la representación detrás de la representación. De una u otra manera no hacía más de lo que el mismo Freud había hecho con Leonardo y su buitre. Detrás de lo que vemos está la verdad de la castración, en este caso representada quizás con su cara más medúsica, si es que se me permite usar el neologismo.

¿Estamos en la vía que nos habíamos planteado seguir con la representación y el vacío? Evidentemente nos falta todavía un término, sólo hemos hablado de la representación, la cual sin embargo tiene un más allá. Pero hasta aquí en ese más allá de la representación sólo encontramos otra representación. Una verdad inconciente para ser develada. Un mensaje cifrado. Un sueño. Una escena detrás de la escena y la clave para pasar a la otra, ya que en la primera, algo falta.

Estamos pues en el dominio de la falta, condición básica del sujeto del inconciente. Pero falta y vacío no son para nada la misma cosa. Hasta tal punto es así que Miller, comentarista viviente de Lacan, señala que la enseñanza de éste, puede ser ordenada por el paso que va precisamente de la falta al agujero y, ¿qué es un agujero sino un vacío al que se le ha construido un borde?. Intentemos avanzar un poco, aunque más no sea, en esta diferencia. Intentemos avanzar en ese camino tan oscuro y confuso, y para ello valgámonos una vez más del arte, el arte de la pintura. Es Lacan mismo el que nos trae un ejemplo iluminador y lo hace bajo la forma de la fábula, en la que la veracidad histórica no tiene ninguna importancia. Una fábula que cuenta la competencia entre dos pintores de la antigua Grecia. Él los llama, de una forma un poco arbitraria -aunque quizás no tanto y ya veremos por qué- Zeuxis y Farracios. A este último se le atribuye el ser el inventor de la pornografía, lo cual no es para nada irrelevante en la comprensión de la anécdota. Comienza la competencia, el público está expectante, porque en aquella época los pintores eran personas muy famosas, tal como hoy lo serían las estrellas de cine. Una competencia entre dos pintores famosos había atraído sin dudas una gran cantidad de público. Frente a éste, Zeuxis presenta un racimo de uvas, pintadas con tal maestría que los mismos pájaros del cielo bajaban para comérselas. El éxito no pasaba por la perfección sino por el engaño. Cuando llega el turno de Farracios, lo que éste enseña es un muro cubierto por un velo, un telón. *"-Anda*, le gritaron, *descorre el velo y muéstranos lo que has pintado!"*. Pero los engañados en este caso no eran los pájaros sino los hombres. El velo mismo era pintura y por lo tanto estamos autorizados a decir que la pintura misma es un velo, detrás del cual, nada hay. Como toda fábula, ésta también tiene su moraleja. Triunfo de la mirada sobre el ojo es lo que Lacan nos indica. Seguramente no es una moraleja que se comprenda de inmediato. Tampoco habremos de intentar hoy su completo esclarecimiento. Señalemos simplemente que el término *mirada* está puesto aquí en su calidad de objeto pulsional. Objeto ausente, perdido para siempre y desde siempre. En el campo de lo escópico, sería aquello que no se puede ver, no por que esté escondido sino precisamente porque no está. Cae por fuera de lo visible. Es alrededor de esta ausencia que se organiza la pulsión, esa satisfacción que no obedece a las leyes de la homeostasis, porque siempre nos pide más y más; que es placer pero también es sufrimiento más allá del placer. Eso es, en definitiva, lo que nos hace mirar de la manera tan voraz en la que lo hacemos. Porque sin dudas, vivimos en una época a la que podríamos denominar *el festín del ojo* donde el zapping televisivo constituye su punto más abyecto.

Por suerte tenemos la pintura. Por suerte tenemos los cuadros. Su efecto es tranquilizador, en muchos sentidos, pero también en éste. Tal como Lacan nos dice, el cuadro nos hace descansar de la mirada. Nos la presenta dentro de un marco y eso es quizás lo verdaderamente tranquilizador. En la contemplación de un cuadro, el cuadro está en mi ojo pero a la vez ¿quién puede discutirme que yo también estoy en el cuadro?. Sino, ¿porqué habría de atraparme? La idea de que la pintura es capaz de manipular un objeto pulsional, el objeto mirada, entre otras cosas, nos enseña que para el hombre la cuestión de la visión no depende sólo de la óptica con su bagaje de leyes físicas, de esa geometría a la que también los ciegos pueden tener acceso. No, para el hombre, la visión del mundo, su contemplación, es una cuestión de satisfacción pulsional, es, en definitiva, una cuestión de goce.

Así, por la vía del objeto es que podemos deslizarnos de una manera un poco subrepticia desde la falta al vacío. Porque en esta anécdota de la competencia entre los pintores, ya no tenemos una representación detrás de la representación sino que detrás de la representación no tenemos nada en absoluto. Entonces pues, no corran ese velo, dejennos contemplarlo plácidamente, pues detrás de él hay el vacío.

Hay un ejemplo que es clásico y precisamente por ello vale siempre su referencia; sirve para entender de qué se trata la falta: En la biblioteca, uno de los tomos de la enciclopedia falta. Tenemos el tomo uno, el dos, el tres, falta el cuatro, y después tenemos el cinco, el seis y así. Es por la presencia de los otros tomos que la falta se hace presente. Es una ausencia, pero es una ausencia que puede ser colmada, sustituida. Falta ese tomo y quién sabe donde habrá quedado. Habrá que buscarlo, reemplazarlo. Esa falta que es efecto, producto de un orden simbólico, Lacan la llamó para el psicoanalisis, el falo.

Se ve claramente entonces, que el vacío es un cosa bien diferente, en tanto no es algo que pueda ser colmado sino tan sólo contorneado como intenta hacerlo la palabra, o como en el caso de la imagen, apenas velado. Es esa quizás la idea lacaniana del nudo borromeo. Un nudo que se arma con tres redondeles de cuerda, en el centro de las cuales se ciñe un agujero. Es la representación de los tres registros que ordenan la experiencia: real, simbólico e imaginario. Cada uno tiene su forma particular de vérselas con ese vacío.

Quisiera concluir con una anécdota que encontré en un libro por demás interesante: *El Sexo y el Espanto* y cuyo autor es Pascal Quignard. La historia que allí se relata tiene como protagonista al mismo Farrasios y cuenta de una ocasión en la que los habitantes de la ciudad de Atenas le habían encargado que pintase un "Prometeo encadenado". Este es un motivo clásico de la pintura griega. Retrata el martirio, y valga la referencia a los martirios de los santos católicos, que fueron también referencia obligada de la pintura de toda una época. Retrata, decía, el martirio al que fue sometido Prometeo por haber osado robar el fuego a los dioses y entregárselo a los hombres: ser encadenado a una piedra para que un buitre le coma el hígado. Pero ese hígado se regenera a medida que es comido. De esta manera, Prometeo encadenado, está atrapado, muriendo eternamente. Farrasios, padre de la pornografía, compró, para que le hiciese de modelo, un esclavo que había sido capturado en una guerra contra los bárbaros, que acababa de terminar con la victoria ateniense. Entre el grupo de los prisioneros, Farrasios eligió un jefe anciano, lo hizo conducir a su taller y allí comenzó a hacerlo torturar. El anciano, en su dignidad, se resistía a dar muestras de dolor. Farrasios pidió más tortura. El público que se había congregado en el lugar comenzó a pedir clemencia para el infeliz modelo y a acusar a Farrasios de gustar más de la tortura que de la pintura. El pintor hizo oídos sordos. *"¡Tortúralo más!"*, gritó. Finalmente el viejo gerrero comenzó a quebrarse, lloró. *"Farrasios, ¡me muero!"*, exclamó con el último suspiro. *"¡Mantente así!"*, respondió el artista. Instante eterno entre la vida y la muerte. Captura límite, por la imagen, entre lo más real que tenemos: la vida; y lo más simbólico, en tanto que es y será para nosotros, tan sólo una palabra: la muerte.

No se trata de ningún más allá, no se trata de ninguna verdad escondida, como decía Lacan de "Las Meninas", debajo de las polleras de la infanta, irónica parábola del falo como ausencia. No. Se trata aquí, en este ejemplo, un poco cómico de tan trágico, y que quizás sea el ejemplo del arte todo, de la captura del instante que apunta directamente al vacío. Ese estar entre la vida y la muerte. Ese gerundio imposible. Ese muriendo que es absolutamente impensable. O se está vivo o se está muerto. Y por si acaso decimos de alguien o de algo, que está muriendo, en verdad lo que decimos es que todavía está vivo, ya casi, ¡ay!, un poco más y morirá.

El vacío, entonces, representado aquí por el instante entre lo que fue y lo que ya nunca más volverá a ser. De eso el arte hace un objeto y nos lo entrega. Como si fuera un tigre que ha sido robado a la selva y al que podemos contemplar con tranquilidad tras esas rejas, que en el cuadro son el marco. Pero es un tigre imaginario. Es un tigre imaginado. Como el de Borges, o como aquel que lo precedió: el maravilloso tigre de William Blake.

Finalmente, quería traerles un pensamiento de Lacan que dice *"Explicar el arte por el inconsciente es muy sospechoso... sin embargo explicar el arte por el síntoma es más serio"*. El síntoma no es aquí, por supuesto, el síntoma médico en tanto manifestación de enfermedad. Este síntoma al que Lacan hace referencia y que él escribe con *th* para diferenciarlo de aquel de las formaciones del inconsciente, expresa lo que es para cada quien el modo particular de gozar, que no es otra cosa que la forma misma en que vivimos. El párrafo, entonces, señala el verdadero interés que tiene el arte para el psicoanálisis, porque si la pintura es un velo que recubre la nada, una creación ex – nihilo, es a la vez también una pantalla cuya iridicencia da cuenta de que en ella se proyecta lo más vivo, lo más humano de lo humano.

Bibliografía

A.A.V.V. *Referencias en la Obra de Lacan N° 31. Lacan y el Surrealismo*,1. Fundación del Campo Freudiano. Buenos Aires.

BELAGA, Guillermo. "La estetización del Síntoma". Revista Lacaniana de Psicoanálisis. N° 1 Escuela de la Orientación Lacaniana. Buenos Aires.

DALÍ, Salvador. *El Mito Trágico del "Angelus" de Millet*. Barcelona. Tusquets Editores.

FREUD, Sigmund. *Un Recuerdo Infantil de Leonardo da Vinci*. Obras Completas. Tomo XI. Bs. As. Amorrortu Editores.

LACAN, Jacques. *Seminario IX*. Bs. As. Editorial Paidos.

LACAN, Jacques. *Seminario VII*. Bs. As. Editorial Paidós.

MILLER, Jacques A. *El Sentido y lo Real*. Bs. As. Editorial Manantial.

MILLER, Jacques A. *El Banquete de los Analistas*. Bs. As. Editorial Paidos.

NADEAU, Maurice. *Historia del Surrealismo*. Bs. As. Santiago Rueda Editor.

QUIGNARD, Pascal. *El sexo y el Espanto*. Córdoba, Cuadernos del Litoral.

EL ACTO COMO PUNTUACIÓN

Diana Paulozky

El título de este seminario señala, desde su enunciación, que se pueden hacer cosas con el vacío. Se puede negarlo, evitarlo, llenarlo de sentido, dando respuestas como hace la religión, o se puede hacer algo con ese vacío, representarlo, rodearlo a condición de que permanezca como tal, como vacío incolmable.

Eso hace el arte. El artista, tomado por la subjetividad de su época, representará a veces lo indecible, como "El grito" de Munch, en el que vemos un hombre dando un grito desesperado y las manos en los oídos para no escuchárselo.

El artista hace una lectura de los signos de su época y los representa.

El analista también hace una lectura de los signos; los ordena, y actúa para provocar algo nuevo.

Hay un libro de James Mónaco, que se llama *How to read a film*. Otro ejemplo es también *El nombre de la rosa* de Umberto Eco, que intenta a través de un monje medieval, leer los signos que le permitirán resolver el misterio de unos crímenes, desnudando todo un engranaje.

Es una invitación al lector a ser semiólogo de la trama. Eso es lo que hace un buen director de cine y de teatro. Ordena las escenas, elige las palabras para provocar un efecto. Bergman, quien decía que la vida es un teatro, es un ejemplo paradigmático de lo que de ese sentido queda aludido en un símbolo. Un cambio de color, una luz que se esfuma...le sirven para plasmar, durante más de 40 años, una misma y única película en la que aborda el teatro de la vida sobre el fondo de la figura de la muerte. Nos encontramos con Bergman porque representaba nuestro vacío. Cada uno de nosotros era creado por él.

Pero ese vacío, ¿estaba antes o tomaba cuerpo en el mismo momento de su representación?

Edgar Allan Poe, ¿creó sus cuentos o sus cuentos lo crearon a él? Su vida misma, ¿no podría pasar por uno de sus cuentos?

Cuando decimos, *"esta obra me llegó"*, es porque toca un punto de ajena intimidad. Insisto entonces, ese punto, ¿estaba o se hace en el mismo momento del encuentro?

El teatro ha sabido iluminar en las distintas épocas los productos culturales que sólo a través de la representación podían tomar forma y por lo tanto existir. En nuestro país el *Teatro abierto* iluminó años de oscurantismo. El teatro de Gorostiza, de Pavlozky, de Cossa...

Es Denis Diderot uno de los que más ha trabajado las virtudes del acto teatral. Y es, además, el director y el redactor de *La enciclopedia*, pensador, crítico mordaz y analista de las costumbres sociales. Sus personajes representan al clásico libertino. Entre sus obras figuran *La paradoja del comediante; Jacques, el fatalista y El sobrino de Rameau*, en la que explora los vaivenes de la moral antigua y contradictoria de la época y es su vivo retrato.

El comediante tiene el arte de provocar un impacto, hacer verosímil un hecho a través del artificio y la exageración. Al subrayar un rasgo, produce un efecto en quien lo recibe. El arte es hacer conjugar en un mismo acto lo opuesto de una escena, que no se lograría sin la exageración del actor.

Diderot sorprendía por la apelación a lo cotidiano, en oposición al carácter solemne y grandilocuente de la tragedia francesa. Sus obras marcan pequeños detalles exagerados, recurre al lenguaje simple y coloquial; abundan los bufones y las lágrimas de novelones para marcar el ridículo de lo pomposo de su medio.

Diderot ahorraba el peso de los largos discursos para sorprender con una frase o más aún, con un gesto.

"Hay que saber distribuir los tonos y esperar la ocasión"; "Necesitamos exclamaciones, interjecciones, suspensiones, afirmaciones, negaciones. Llamamos, invocamos, gritamos, gemimos, lloramos y nos reímos con franqueza"; "A medida que la lengua se hace más monótona tendrá menos acento, el grito animal o el hombre apasionado es el que le da el tono."

Es como el bufón de corte, que presta su voz a lo verdadero.

Shakespeare se sirve de él, en sus obras hay siempre un bufón que hace las veces de la verdad.

Ibsen, un siglo posterior a Diderot, ponía en boca del terrible Peer Gynt, las críticas más mordaces. Ciertos aforismos, las expresiones que se repiten con exagerada insistencia, nos hacen saber que las locuras de Peer Gynt no están allí sólo para divertirnos. Por el contrario, detrás de ese desborde de bufonadas, el autor esconde toda una filosofía. Pero es una filosofía que se escabulle cada vez que creemos alcanzarla. También es verdad que el incorregible Peer Gynt deforma todas las cosas y sus acciones son las de un niño terrible que, desde su ingenuidad, sorpresivamente desmistifica la sociedad.

Es lo que me ha producido nuestro Alfredo Alcón cuando lo he visto representar al *Peer Gynt de* Ibsen.

Cuando Vargas Llosa vio su La *señorita de Tagna* representada por Norma Aleandro, dijo que la representación había superado al autor. La obra que vi en Buenos Aires no había cambiado una sola línea; hoy no recuerdo ninguna frase, ninguna palabra; Sí, en cambio, la mantilla que ella utilizaba para marcar el paso del tiempo. Un solo gesto y habían pasado cincuenta años. El texto era excelente, pero lo más importante estaba en el movimiento de ese pequeño objeto, un manto que atrasaba o sumaba, en un solo segundo, toda una vida.

Me dirán que cómo una psicoanalista, que trabaja con la palabra, está valorando el gesto por sobre el texto... Es cierto.

De un análisis no quedan muchas palabras, apenas un significante, un rasgo, un pequeño objeto... que cambia una vida.

Moliére, Baltasar Gracián, Diderot, Ibsen, entre otros, sabían que la vida era un teatro y buscaban un efecto, que era conseguir despertar lo que la costumbre había dormido.

El encuentro con un analista despierta siempre. Saca de la aparente y confortable tranquilidad que da el síntoma. El psicoanalista es también, como Diderot, un provocador.

El acto como táctica.

En nuestra actualidad, cuando la palabra se ha banalizado y hay la compulsión a decirlo todo, la clínica, hoy con más énfasis, debe orientarse hacia el acto.

Lo diría así: menos relato y más acción.

Es en ese punto que vemos un pasaje de Freud a Lacan. Un pasaje de la clínica de la palabra a la clínica del acto. El analista actúa y todas las jugadas están permitidas cuando convienen para su fin.

Si en 1958 Lacan le agradece a Ella Sharpe, psicoanalista de la IPA, que ponga al alcance del practicante una cultura literaria y nos introduce en la literatura para interpretar un texto, al año siguiente, se sumerge en *Hamlet* para subrayarnos las virtudes de la escenificación, de la *play-scene*.

Sabemos que *Hamlet* fue escrito por Shakespeare poco después de la muerte de su padre, alrededor de 1602, y elige como nombre el de su hijo, fallecido tempranamente. Así *Hamlet* es la representación del dolor de la muerte de su padre, pero también, la de su propia muerte como padre.

Hamlet hace representar en una escena bufonesca el asesinato de su padre. El tema de la representación está en la representación misma.

¿Qué es lo que trae Hamlet con sus comediantes?

Nos muestra que la verdad tiene estructura de ficción y si bien es una trampa que tiende a los demás, él mismo queda atrapado en ella. Hay algo más que se juega en la representación. No es lo mismo leer Hamlet, que verla representada y aún así, el actor pone lo suyo, no es lo mismo el *Hamlet* de Garrick, o el de Kean, esos grandes actores ingleses.

Lo que le sucede a Hamlet en plena obra, es que, como en toda representación, se captura algo que va más allá de sus planes. Quiere atrapar la conciencia del rey, pero la representación le sirve de marco a su propio deseo.

Se trata en ese caso, del deseo de muerte.

Sí, en la representación pasa algo que no se estudia, que no se lee; que se capta. Es que el actor presta su cuerpo, su voz, no como un títere, sino que lo presta entregando su ser. Es lo que hace que un actor tenga mayor o menor talento, o genio, incluso que sea compatible con determinados papeles.

El actor se presta, pero también se entrega y en esa entrega se produce algo más, que es del orden de lo intransmitible.

El analista también se presta y juega un papel, que a veces no tiene nada que ver con su persona. Ese es el precio que el analista paga.

No sólo cobra, también paga. Paga con su persona, poniéndola entre paréntesis, no opinando, paga silenciando su juicio más íntimo; paga con su ser.

Sabemos que no se trata sólo de palabras: el analista pone el cuerpo, en todo el sentido metafórico que la expresión tiene, porque se utiliza él mismo como operador. Utiliza el semblante, como modo de apresar el ser.

Para no hablarles del semblante, que merecería todo un desarrollo, tomo a Tristán, el gran poeta lírico del siglo XVII, quien hacía uso de los semblantes en las parodias de amor para lograr un efecto: *"mi secreto para hacerme amar por ella, es hacer semblante de que no la amo"*.

Elijo de Baltasar Gracián una frase que suscribo: *"Para parecer es necesario ser, porque los semblantes no son más que imágenes interiores"*. Las cosas no pasan por lo que son, (porque en todo caso, ¿qué son?) sino por lo que parecen ser.

Es cuestión de leer esos signos que están en superficie, no hay un fondo oscuro. Así, la vanidad es una forma, una decoración del vacío.

Y es verdad que el paso del tiempo puede estar representado por un pequeño manto; una frase terrible puede encontrar la risa; la espera de explicación puede encontrar apenas un gesto; un cálculo puede revestirse de ingenuidad. En suma, se trata de provocar un impacto que conmueva las certidumbres en las que descansa un sujeto.

Al igual que Diderot, que Gracián, que Voltaire, Lacan rompe con la rigidez, la solemnidad de la IPA. Era él mismo un cultor de la ficción, llevando el artificio al máximo.

Tal vez nos sugiere el lugar del bufón, que es una posición más relajada, para no correr un riesgo peor: disfrazarnos de psicoanalistas.

La clínica nos remite a un teatro sin bravos ni aplausos.

Lo que desde una ética se esperaría, es que al final del día, el analista no quede identificado a ninguno de esos trajes.

Creer en los semblantes quiere decir, en lenguaje coloquial: que no se la crea.

Saberlo, saber que sólo representa un papel, que es también un actor, es su mayor responsabilidad.

LA PÁGINA BLANCA

Roberto Videla

En uno de los *Últimos Cuentos* de Karen Blixen, "La Página Blanca", unos turistas en una ciudad oriental le piden a una vieja narradora de historias que les cuente la más hermosa historia jamás contada. La mujer dice que esto es imposible, que solamente el silencio puede contar la más bella historia. Y que hay que ser extremadamente fieles a las historias que se cuentan, pues es sólo de ese modo que el silencio, al final, hablará. Y que el silencio hablará de un modo más profundo, más leve, más alegre y más cruel sobre la página en blanco.

Y entonces cuenta.

En un convento de monjas, que hacían sábanas de lino para las bodas de la realeza europea, estaban expuestas y enmarcadas en una galería las sábanas manchadas de sangre luego de la primera noche. El contrato era éste. Las monjas exigían que las sábanas, inmediatamente después de la noche de bodas, fueran devueltas al convento. Los visitantes ilustres, que visitaban y recorrían el edificio, se detenían, asombrados y en silencio, en un lugar de la galería, siempre el mismo. Uno de los cuadros con dichas sábanas, tal vez el más hermoso y ricamente tallado, mostraba una blancura inmaculada.

Karen Blixen en este cuento habla del oficio del escritor o del narrador, habla de los artistas, de la más hermosa historia jamás contada, del orgullo de una familia real que es fiel a su historia y por eso mismo cumple un acuerdo y envía la prueba aparente de su deshonor.

También habla del asombro, del misterio, del secreto, de la multiplicidad de sentidos, de la muerte y de la vida, del amor y lo clandestino, de las pasiones prohibidas. Se podrían escribir todas las historias sobre esa sábana purísima, sobre ese vacío.

Estas líneas son sólo algunos apuntes personales, esbozos, pinceladas, impresiones, intuiciones apenas, contradictorias entre sí, sin un haz común, desde el mundo del teatro, desde mi percepción del hacer teatral.

Sobre la representación y el teatro

La representación es la obra -obra que a su vez representa algo de la realidad- y a la vez es lo que sucede, lo que está sucediendo en escena. Un actor re-presenta, vuelve a presentar algo, y además lo hace de un modo particular. Este algo, por ser el teatro algo que es y que ocurre en el aquí y el ahora, nunca es lo mismo, siempre es diferente e inasible, tanto para el actor como para sus públicos, por las condiciones de precariedad y por lo efímero del hecho teatral. Es en realidad una re-re-re-representación. Un juego de reflejos espejados.

Además, el actor está inmerso en una serie de preguntas imposibles, las dicotomías del teatro: representa algo que no es él, pero lo vuelve a presentar como si fuera él.

¿Se es lo que se hace?

¿Se representa lo que se siente?

¿Se presenta lo que se siente?

¿Uno es el personaje?

¿Uno juega el personaje?

¿Cómo se coloca el actor frente a su rol?

¿Uno se cree que es, o que finge, o que da elementos técnicos para comprender el personaje?

¿Qué dice el actor, la persona? ¿Qué dice el personaje?

¿Cómo se representa el mundo?

Sobre el vacío

Creo que la lucha del actor, la lucha del que hace teatro, es el intento de dejar en la historia de la sociedad y del arte algo de uno, algo así como una marca que borre la imposibilidad, el vacío casi incolmable, la precariedad de lo artístico y específicamente de lo teatral.

Se trata, entonces, de intentar llenar el vacío con signos perennes. Y se trata también de modificar la vaciedad del teatro en general. Vacío de sentido, vacío de ideales, vacío de belleza, de gracia, de creatividad, de alegría.

En mi historia se trataba de llenar nuestro vacío y el vacío del espectador.

De ahí la preocupación por la verdad, en nosotros, en nuestros grupos, en nuestro accionar, en nuestra estética. Y la búsqueda por encontrar un nuevo tipo de actor y una nueva actitud ante el teatro y ante el mundo.

Teníamos que formar un lleno.

Las experiencias de mi grupo, el Libre Teatro Libre (LTL) que existió entre 1969 y 1977, dan cuenta de este intento y también de el de fundar un teatro que modifique la realidad, la conciencia del otro, que construya los cambios sociales necesarios para una vida mejor.

Apenas comenzado nuestro exilio, en 1975, queríamos volver a nuestro país, seguir haciendo teatro, pero no usar la sigla LTL, que nos distinguía como grupo, para no alertar a los represores. Volver sin nombre, vaciados de nombre.

Terminada brutalmente la experiencia del LTL, arrasado por las contingencias de la historia, por el terrorismo de estado que reinó en Argentina hasta 1983, años después, volví a embarcarme en otra utopía. Trabajé varios años como director en un taller teatral del Hospital Neuropsiquiátrico de Córdoba. La experiencia se conectaba con las nuevas corrientes de inserción social y desarrollo artístico en los manicomios, que habían comenzado a cerrarse en algunos países.

Pronto se llegó al límite de estas experiencias, el límite

político interno y externo, el límite de estas democracias mentirosas y culposas del tercer mundo.

En realidad son los límites brutales que impone la Historia.

También la intención de dejar una señal diferente en lo estético fue efímera e incompleta. En este momento en general predominan los espectáculos basados en los efectos superficiales y en los que los actores no demuestran un verdadero compromiso y rigor con su profesión y su discurso. Se llena el vacío con adornos innecesarios.

A la vez, siempre existen los aventureros, los inconformes, los que se cuestionan, los que intentan colmar el vacío, y surgen entonces los sucesivos movimientos teatrales de las últimas décadas: la Danza-Teatro, el Tercer Teatro, el Happening, el Teatro Pobre, la Creación Colectiva, el Teatro Político, etc.

Es un intento de asir lo inasible, de dejar una huella, de encontrar respuestas, de colmar la insatisfacción profunda y necesaria.

Este fragmento de una poesía de J. Rodolfo Wilcock me acompañó toda la vida:

> *"Recuerda que todo sucede por casualidad*
> *y que nada dura, lo que no te impide*
> *hacer un dibujo en el vidrio empañado."*

EL INCONCIENTE DE LAS PELÍCULAS:
UN ELEFANTE Y ALGUNOS PADRES

Roger Alan Koza

"¿Si ya no hay Padre, para qué seguir contando historias?"
Roland Barthes

*"Como lo dije con anterioridad, las películas son parte de
un tipo de inconsciente colectivo, y cuando estamos viendo una
película o escribimos sobre ésta, tenemos que convertirnos un
poco en psicoanalistas"*
Olivier Assayas

I

Unidos por el tiempo, hermanados en develar lo que
calla, se oculta, se esconde y deviene en otra cosa, el cine y
el psicoanálisis parecen compartir un mismo destino. Desde
el inicio, la sospecha epistemológica y estética, escándalos
menores que se repiten de tanto en tanto. Freud, padre de
una fraudulenta mitología de las luces; Lacan, el brujo del
lenguaje. La última embestida parece haber sido redactada
por dos cómicos guionistas: ¿acaso Sokal y Brichmont hacen
comedia policíaca? El psicoanálisis y su infinita defensa: un
saber que no es mera creencia, es ciencia, una *episteme* en devenir y cambiante, y no por ello menos científica que la economía y la física de partículas. ¿Es el cine un arte legítimo?
Pregunta imbécil aunque justificada históricamente, pues la
desconfianza viene a rememorar ese origen paradójico que el
discurso estético de su tiempo expresó con reservas: el cine
entre dos términos supuestamente antagónicos: industria y

arte. Oposición capciosa duplicada en la conjetura de que el cine es un mero producto, una gran manufactura capitalista destinada a reproducir un sistema simbólico y económico injusto. Es la industria del entretenimiento por antonomasia, una orgía semiótica cuyo valor artístico se limita a un par de excepciones. En definitiva: ¿puede una película ser concebida como una obra de arte? Claro que sí. Del mismo modo, el psicoanálisis ya no debería ser interpelado por el tribunal de la razón para convalidar su eficacia, su consistencia epistemológica.

Ya en 1936, en ese bello ensayo y todavía vigente (quizás más que nunca) titulado *La obra de arte en la época de su reproductibilidad técnica,* Walter Benjamin postulaba dos tipos de inconsciente: el pulsional y el óptico. El primero, dominio soberano del psicoanálisis; el segundo, dominio específico del cine. Se trataba, sin dudas, de un descubrimiento científico y un dispositivo extraordinario, ambos pletóricos de posibilidades y destinados a constituir nuevas visibilidades. La cámara no comprendía solamente una sustitución mecánica del ojo, más bien instauraba un nuevo sentido acerca del acto de mirar desvinculado de la percepción en su entramado consciente. La mirada se desmarcaba del ojo y adquiría una extraña condición casi subjetiva desprovista de un yo. La versión perversamente evolucionada del dispositivo se constata en el régimen visual y de vigilancia en el que actualmente vivimos, y que películas como *Sentencia previa* (2002) de Steven Spielberg retrata como fantasía futurista.

El inconsciente óptico: invención de una mirada múltiple y dispersa en el espacio, independiente de un soporte orgánico, capaz de revelar estructuras y formaciones inéditas tanto en las cosas como en la interacción entre sujetos. Es cierto que parece un paso ascendente o hacia adelante en la cultura de Occidente, fundamentalmente óptica y especular. El cine no es ajeno a ello, ya que con él se inicia un período especular caracterizado por nuevos movimientos y posiciones de la mirada hasta entonces inexistentes. Si los chistes, los lapsus y los olvidos dejaron de ser conductas insignificantes después del 1900, también para entonces el mundo frente a la cámara dejó de ser el mismo: la naturaleza, los cuerpos, las construcciones, toda práctica social dejó de ser vista como hasta entonces; se perdió para siempre la inocencia representacional del mundo.

En principio, con el cine se aprendió a mirar de otra manera; del mismo modo, el psicoanálisis enseñó a escuchar de otra forma. De allí, que no ha faltado quien quiera establecer las semejanzas y las diferencias entre este arte tardío y esta ciencia del espíritu, o simplemente yuxtaponerlos de tal forma que pueda esclarecerse el poder explicativo y expresivo de uno y otro.

Decir que Alfred Hitchcock es el más freudiano de los realizadores no es novedad alguna, más aún cuando el propio Hitchcock dedicó un film didáctico en la materia, *Cuéntame tu vida* (1945), una suerte de versión audiovisual de las *Conferencias de introducción al psicoanálisis*, en el que un Gregory Peck traumatizado experimentaba una estereotipada cura tras elaborar analíticamente el contenido reprimido de su trauma. La reconstrucción de los sueños de Peck a cargo de Salvador Dalí y su explícita función narrativa en el conjunto de la película tan sólo consolidaban la intención pedagógica e introductoria, pues *Cuéntame tu vida* funcionaba más como un melodrama que como un film psicoanalítico. En ese sentido *Marnie* (1964) es una versión mejorada y menos *naif* de *Cuéntame tu vida*, pues como introducción al psicoanálisis posiblemente sea una mejor opción. Sin embargo, como se sabe, la obra completa de Hitchcock permite explorar las categorías psicoanalíticas mejor que ninguna otra: la transferencia de la culpa, la psicosis, el fetichismo, lo real como aquello que se resiste a la simbolización, son tópicos recurrentes en toda su obra. No obstante, es en la escritura de Hitchcock, en su modo de filmar y narrar, en donde se puede apreciar la dialéctica casi amorosa entre el inconsciente óptico y el inconsciente pulsional. Mejor que nadie concibió cómo representar la mirada de la demencia o el devenir vouyeurístico de nuestra cultura: la importancia de *Psicosis* (1960) radica en aventurarse a inventar una mirada o toma subjetiva que se corresponda (fallidamente) con lo Real como tal, así como *La ventana indiscreta* (1954) es de por sí un examen lúdico sobre el deseo de mirar y sus múltiples significaciones. Hitchcock traducía conceptos psicoanalíticos en movimientos de cámara y encuadres determinados. Claro que hay otros directores para el convite: la neurosis a cargo de Allen y Moretti, aunque la versión más sofisticada sobre neuróticos recae en Bergman, y a veces en Bertolucci y Bellocchio. Y la lista podría continuar: Lynch, el poeta de la psicosis, el realizador que mejor entiende la descomposición de la fantasía; David Cronenberg y las perversiones; Imamura y la caótica economía libidinal. Son muchos los cineastas que piensan y componen sus imágenes en consonancia con el discurso psicoanalítico[1].

---

[1] Tanto *Everything you always wanted to know about Lacan but were afraid to ask Hitchcock,* editado por ZIZEK, Slavoj, (1992), Londres, Verso, y *Mirando al sesgo,* ZIZEK, Slavoj, (2000), Buenos Aires, Paidós, ofrecen un exhaustivo análisis de la obra del Alfred Hitchcock en términos psicoanalíticos. En cuanto a la obra de Lynch, una vez más se destacan dos trabajos de Zizek: *The art of the ridiculous sublime,* ZIZEK, Slavoj, (2000), Seattle, University of Washington Press, aunque también la segunda sección de *Organs without bodies: On Deleuze and consequences,* ZIZEK, Slavoj, (2004), London, Routledge. En relación a la obra de Cronenberg es interesante pensar contra el mismo Cronenberg, su último film *Spider* (2002) basado en la obra literaria homónima de Patrick MacGrath, debido a que Cronenberg ha expresado que con este film ha iniciado una ruptura con la teoría psicoanalítica. Más allá de la opinión del cineasta, no hay duda de que la obra completa de Cronenberg se vuelve apasionante si se la mira desde una perspectiva psicoanalítica; el interés sobre un film como Spider, su mejor película hasta la fecha junto a *Festín desnudo* (1991), se debe a que éste es un estudio sagaz sobre la esquizofrenia. Lo curioso es que las connotaciones psicoanalíticas del film son evidentes, y eso va más allá de la clara edipización de su personaje central. Por otra parte, *Spider* es la respuesta lúcida a un film mentiroso y antojadizo como *Una mente brillante* de Ron Howard (2001), ejemplo de una infantilización reduccionista y conductista de la esquizofrenia, tanto en su concepción como en su tratamiento que, como ha dicho el propio Cronenberg, hasta dan ganas de ser un esquizofrénico. *Agua tibia bajo un puente rojo* es la última fantasía de Imamura, film lúdico y delirante que gana semánticamente a la luz del discurso freudiano, aún cuando la alteridad del contexto cultural es innegable.

Y también son muchos los escritores de talante psicoanalítico que escriben sobre cine; son los responsables de un dominio literario sobre el tema que Cristian Metz, eximio prototipo del caso, denominó una *tercera máquina*[2], entendiendo por ello el lugar del discurso del cine, esfera distinta a la de su producción como a la de su recepción. En efecto, para hablar sobre cine los herederos de Freud y de Lacan han concebidos conceptos estéticos procedentes de un saber que de por sí es clínico, de lo que se predica una cierta intersección entre un dominio y otro, si se quiere. Algunos ejemplos: Metz y el significante imaginario; Ben Brewster, la revista *Screen* y la fascinación por instituir un vocabulario: la sutura, la Mirada, lo imaginario. Contribuciones triunfantes en su momento, hoy abandonadas oficialmente en los estudios sobre cine cuando un nuevo paradigma avanza como soporte intelectual del mismo. En efecto, las ciencias cognitivas, ese conjunto impreciso de disciplinas que en el discurso sobre el cine se denomina *post-teoría*, vienen a poner orden (epistemológico) y un poco de sentido común. Otra vez más, se cuestiona al psicoanálisis por su inoperancia a la hora de traducir sus conceptos en la llamada experiencia concreta, o, más bien, su falibilidad si se tiene que verificar empíricamente los enunciados que como *episteme* permite

---

[2] Con respecto a la escritura cinematográfica en sí, tanto en lo que concierne a lo teórico como al discurso de la crítica, algunos señalamientos elementales de Metz cobran una vigencia inesperada y necesaria. Su observación acerca de la supuesta soberanía del gusto (tanto del crítico como del teórico), un criterio defendido conscientemente por algún sector de la crítica, y cómo éste se sostiene gracias a un vínculo fantasmático con lo que el espectador, en este caso, uno calificado, proyecta en lo que ve. Dice Metz: *"La pregunta que nunca llega a hacerse es precisamente la que derribaría el edificio: "¿Por qué me ha gustado esta película (a mí más que a otro, esta película más que otra)?. Una teoría verdadera se definiría, entre otras cosas, por el hecho de que vería en eso un problema, mientras que muchas de las concepciones cinematográficas descansan en cambio en la temible eficacia de esta misma circunstancia, y por lo tanto en el silencio que se establece al respecto: son técnicas de desproblematización, y en tal medida exactos contrarios de la gestión de conocimiento, incluso cuando comportan aperturas auténticamente científicas"* (METZ, Christian, (2000). *El significante ausente*. Buenos Aires, Paidós, pág.27).

postular[3].

El primer aporte del psicoanálisis, vigente quizás, aunque no por ello menos cuestionado, es notar cómo el séptimo arte implica una privilegiada objetivación de lo que se entiende por lo imaginario. El espectador repite indirectamente lo que se conoce como la fase del espejo *popularizada* por Lacan, estadio de una primera identificación por lo que se deviene paulatinamente en sujeto. La concepción de lo imaginario posee otras connotaciones, pues de ello también se precipita una concepción ontológica de la imagen, un problema filosófico que se renueva de tanto en tanto, más complejo aún cuando el cine ya no es esencialmente registro, luz condensada en una película, sino también constructivismo digital. Sea como fuere, la noción de lo imaginario correspondería al momento de la fase del espejo por el cual el infante, aún en un estadio prelingüístico y descoordinado se toma a sí mismo como su reflejo, estableciendo una mínima diferenciación con todo aquello que lo circunda, incluso su madre que aparece y desaparece en el reflejo. La imagen allí establecida permanecerá yuxtapuesta con el orden de lo simbólico, habrá de operar inconscientemente. El cine sería una especie de espejo cuyos objetos reflejados persisten, pues están ahí para quien observa. Quien nunca aparece entre las imágenes es quien mira, gran disparidad con el estadio del espejo, pero suficiente para que el espectador reedite una experiencia conocida primitivamente y constitutiva del or-

---

[3] Sin duda, el aporte de Slavoj Zizek y sus camaradas Zupanciz, Dolar, Salecl, han fortalecido un renacimiento del discurso psicoanalítico que parecía obsoleto ante el juicio de alguna. En ese sentido, su *The fright of real tears: Krzystof Kieslowski, between theory and post-theory,* (2001), London, BFI, es un libro fundamental, pues se posiciona y discute con los padres del cognitivismo cinematográfico, David Bordwell y Noel Carrol. No sólo eso, sino que Zizek inteligentemente postula esta tensión ideológica como una versión localizada y menor de una contienda simbólica mayor entre los estudios culturales y la llamada tercer cultura, combinación interdisciplinaria cuya pretensión es modelizar el discurso cultural y crítico. El bellísimo y excelente libro de Gilberto Perez, *The material ghost,* (2000), John Hopkings Universitiy Press, Baltimore, es una opción interesante al cognitivismo de Bordwell y Carrol, a pesar de que mantiene una posición crítica sobre el discurso psicoanalítico.

den de lo imaginario. Sin embargo, lo que vemos en el cine es la ilusión de una plenitud, pues el rasgo ontológico más propio de la imagen cinematográfica es representar algo que como tal está ausente. De allí la insistencia en calificar al cinéfilo y al que asiste periódicamente a una sala de cine como un crédulo fetichista, pues se aferran a las imágenes para negar la ausencia irrefutable de la realidad.

Mucho se ha dicho sobre la identificación del espectador con los personajes, los vínculos entre ellos, la trama de una película. La fundamentación de por qué ello sucede descansa en parte en el poder del cine en provocar lo imaginario. Sin embargo, delimitar el vínculo entre el espectador y una película a la identificación como experiencia es someter a un reduccionismo cómodo lo que sucede entre uno y otro.

¿Para qué vamos al cine? ¿Qué acontece entre la mirada y la imagen? ¿De qué están compuestas las películas? Benjamin pensaba, en el ensayo citado, que el público iba al cine para adaptarse al mundo, inversión correlativa de lo que sucede hoy: al cine se asiste para olvidarse del mundo. Sí y no. Es cierto que Hollywood es una máquina semiótica desterritorializada capaz de organizar gran parte de la vida simbólica, cuyo efecto más decisivo y deletéreo es neutralizar las contradicciones sociales y simplificar la vida anímica. Véase como un ejemplo de ello los relatos en torno a asesinos seriales, supuesta patología social siempre explicada por un estúpido drama familiar que excluye cualquier examen exhaustivo si han de cuestionarse las prácticas sociales vigentes, o implicar por ende, una mirada médica sobre el psiquismo colectivo. Empero, las películas son una expresión colectiva del inconsciente social, y como tal sirven para mirar un poco más allá de lo que en un primer momento revelan. Diríase que tanto en el cine comercial como en las otras vertientes de la producción cinematográfica se materializan por momentos determinadas fantasías colectivas. El crítico y realizador Olivier Assayas ha sugerido al respecto que lo que vemos en el cine es una suerte de materialización de nuestras fantasías, no necesariamente sexuales, un fenómeno que excede la acertada aunque incompleta noción de identificación. Más que verse representado en un relato se trata de un juego interactivo entre las imágenes y el inconsciente del espectador por el que este último identifica (y no se identifica) las fuerzas simbólicas que determinan en parte su propio deseo. Así películas como *El club de la pelea* (1999), *El proyecto Blair Witch* (1999), o más recientemente *El día después de mañana* (2004), *Inteligencia artificial* (2001), *Donnie Darko* (2002), *La aldea* (2004), y tanto otros títulos populares, son síntomas del mundo. Probablemente hay ejemplos cinematográficamente más excelsos, *El camino de los sueños* (2002) de Lynch o la misma *demonlover* (2002) de Assayas entre otras, pero no son precisamente las más vistas.

Si las películas son síntomas del mundo, fantasías colectivas condensadas en películas, habrá que saber leer el inconsciente de éstas, pues lo que se ve en ellas son meros síntomas que deben ser interpelados e interpretados para entenderles, descifrarlos. En este sentido, el saber psicoanalítico puede hacer inteligible lo que en un primer momento parece ser anodino, estúpido, delirante. *El camino de los sueños*, a mi entender la mejor película de David Lynch, adquiere significados insospechados si se le observa a la luz del saber psicoanalítico, pues el film no sólo trata sobre el brote psicótico de un personaje, sino que liga al mismo con la sociedad del espectáculo, reconociendo a Hollywood como un expendedor de infinitos materiales simbólicos susceptibles de ser apropiados como fantasía de un sujeto. En otras palabras, las películas son sueños colectivos que necesitan ser elaborados, si se pretende entenderles y extraer el significado de éstos. Si el verdadero deseo inconsciente de un sueño no yace en lo latente del mismo, sino en la articulación de él, en el trabajo discursivo que desplaza lo latente en un nuevo sentido del mismo, las películas se revelan enteramente si hay un trabajo analítico sobre ellas;

de lo contrario, vemos la expresión de un síntoma, mudo y opaco, circunscripto a una lógica narrativa convencional, consustancial a la experiencia identificatoria.

No se trata con lo dicho hasta aquí de afirmar que para ver cine y escribir sobre él el psicoanálisis es un saber imprescindible. Sí, avalar que servirse de este saber puede facilitar el trabajo interpretativo del crítico (y del público).

Es una evidencia que gran parte del vocabulario psicoanalítico ha sido absorbido por el lenguaje ordinario. Hoy un sujeto cualquiera con determinadas preferencias sexuales no se le juzga ni como un vicioso o un pecador depravado. Quizás sea un fetichista, un sádico. El vocabulario moral se ha complejizado debido a que ciertas descripciones psicoanalíticas han mostrado cuán imprecisos y obsoletos resultaban ciertos léxicos con los que se significaban algunos actos menos ortodoxos, extraños. Empero, el precio de la socialización del lenguaje psicoanalítico ha sido la vulgarización semántica de algunos de sus términos, de lo que se predica un uso impreciso, una vaguedad propia de un vocabulario, cuyo poder semántico ha trastocado la interpretación de los actos humanos. Fenómeno lingüístico y pragmático con el que se intenta a veces desprestigiar el saber psicoanalítico, como si en otros dominios científicos nada de ello ocurriera. Basta entonces evocar la apropiación pseudofilosófica (y religiosa) de algunos conceptos distintivos de la física cuántica. Por eso, cuando se escribe sobre cine y se intenta vincular y aplicar conceptos psicoanalíticos, la responsabilidad de quien escribe estriba en poder definir los términos, evitar la indeterminación de los mismos. Más aún cuando quien escribe no es un científico sino un crítico cinematográfico, cuya tarea no está circunscripta a la divulgación de las ciencias.

Escribir sobre una película compromete antes que nada saber mirarla más allá de las reacciones inmediatas que produce en quien mira (vale recordar los señalamientos de Metz al respecto mencionados más arriba, por cierto, observación pertinente, pues no siempre el crítico -y a veces el teórico- repara sobre el por qué de su gusto, siendo éste el primer dato acrítico con el que se constituye la escritura). En primer lugar, hay un requerimiento específico: poseer un conocimiento acabado del lenguaje cinematográfico, añadido y yuxtapuesto a otro conocimiento no menos exigente, el de la historia del cine. En segundo lugar, toda crítica conlleva un saber que le excede, un suplemento epistémico que reúne lo estrictamente diegético a un contexto superior que le antecede y le precede, la realidad social en sí. Quien interpela e interpreta un film se apoya consciente o inconscientemente en un conjunto de saberes y prejuicios coherentes y contradictorios que desborda la película, el placer de verla y escribir sobre ella. Hay un tipo de crítico que se limita a justificar su gusto, quien entiende al placer como el *telos* supremo de su escritura. Hay otros críticos que sin dejar el placer de lado, el suyo y el posible de otros, intentan producir un texto sobre una película capaz de hablar sobre ella más allá de la jurisdicción de la propia película y el placer que les causa verla. Diríase que un buen criterio para escribir sobre las películas que vemos es sintonizar y combinar esos viejos principios enunciados por Freud para explicar en parte el aparato psíquico en su funcionamiento, el de realidad y el de placer, que bien sirven para examinar un film cualquiera. En tercer lugar, la articulación de otros saberes con la función crítica es indispensable aunque el crítico desconozca exactamente qué materiales semióticos y simbólicos trabaja y utiliza. Oficiar de crítico y pregonar que nada se necesita saber más allá de las películas es erigir la ceguera y la ignorancia autocomplaciente como regla universal de la percepción. Cuanto más lejos y en tensión se esté con el sentido común más se justifica y se legitima la función de la crítica. ¿Cómo no reconocer entonces en el psicoanálisis un aliado perfecto? Acaso la obra de Freud y la de Lacan ¿no son un gran esfuerzo por plegar el sentido común en su anomalía, en detectar y cartografiar sobre las superficies de las buenas costumbres el itinerario del deseo? Se ha insistido, injustamente, en denunciar el lado conservador del psicoanálisis, su costado normalizante, su proclividad falocrática. Quizás de las tantas denuncias en su contra, la que más duela, la que más contradice el poder contestatario y liberador, o su infinita contienda por desnaturalizar la vida humana anclada en lo ordinario, sea aquella observación esquizoanalítica en la que se recusa e impugna a Freud por descubrir el deseo como libido, como una fuerza que produce para luego enajenar la libido en la representación familiar.

Las películas son síntomas del mundo. Las películas necesitan de un saber que las interpele en aquello que muestran sin decir o que sugieren sin explicitar. El espacio crítico, la hoja en blanco como una diván público en donde las fantasías colectivas reposan, listas para ser reescritas e inscriptas bajo otro imperativo cognoscitivo: esclarecer el inconsciente de las mismas. Y, ¿qué decir del uso terapéutico de las películas? ¿De qué habla un paciente cuando cita a un film para explicitar su deseo? ¿No se trata de un sueño colectivo apropiado por ese sujeto que se relata y se visualiza a través de una materialización fantasmática de su deseo? Un sueño se reconstruye y se analiza verbalmente entre el paciente y el analista. El segundo escucha y se representa verbalmente lo que el primero discurre oralmente. Un film apropiado, como un sueño, cuenta con el privilegio de que previo a la elaboración analítica cuenta con una experiencia visual inmediata que constituye un referente, si se quiere imaginario, de la exposición verbal del paciente. De pronto el analista ve el sueño del paciente, una objetivación incompleta de aquello que sueña, delira, desea.

II

Ganadora del León de oro en Venecia 2003, *El regreso* (2003), la opera prima de Andrey Zvyagintsev es una gran alegoría con múltiples accesos interpretativos.

Probable fábula teológica aunque también, y por extensión, una apreciación sobre los orígenes primitivos del patriarcado occidental, *El regreso* es un espejo fílmico en donde el espectador puede mirar y significar su reflejo. Por momentos se trata de un *thriller* familiar, una aventura de supervivencia y, como se ha señalado, no queda exenta su lectura política: la confrontación entre el progenitor y su prole como una metáfora de una Rusia posmoderna en tensión con cierto remanente estalinista. Sea como fuere, su historia es tan simple como la de un padre que tras doce años de ausencia regresa a su casa para irse casi de inmediato en un viaje (de reconocimiento) sin una dirección precisa con sus dos hijos.

Zvyagintsev no es Tarkovsky, pero seguramente será un legítimo heredero. El dominio sobre el medio cinematográfico es evidente: véase como un ejemplo la escena en la que se ve al padre recostado, una reproducción fílmica de un cuadro renacentista: "Cristo muerto" de Mantegna; aunque la fotografía, algunos planos secuencia, el trabajo sobre el sonido y la dirección de actores, merecen ser destacados como los aciertos estéticos de un potencial maestro.

El regreso ha suscitado cierta desconfianza en algún sector de la crítica más de vanguardia y el elogio de algunos otros miembros de la profesión más emparentados con el ala conservadora de este oficio; el público, en general, parece aceptarla. Me temo que *El regreso* es un film intempestivo debido a su densidad metafísica, incompatible con una cultura permisiva en donde las figuras de autoridad están deslegitimizadas. Sin embargo, el film de Zvyagintsev deviene en otra cosa si es pensado psicoanalíticamente. En efecto, *El regreso* es la película perfecta para entender la función paterna: el padre como el portador de la ley, el agente de la castración, quien permite el ingreso al orden simbólico y por ende al dominio del deseo. Si se mira con atención, el conjunto del relato está subordinado a (de)mostrar cómo los niños, Iván y Andrei, consiguen matar simbólicamente al padre. La exagerada autoridad ejercida por él, a veces podrá parecer anacrónica, un modelo paterno superado por concepciones más democráticas de la paternidad. En verdad, el rechazo de lo que representa ese padre en particular se sostiene en lo que José E. Milmaniene denomina *defección estructural de la figura paterna*, condición histórica y contingente de la cultura contemporánea que disuelve toda investidura simbólica que vaya en contraposición a la celebración de un sinnúmero de patologías del goce.

Diríase que la representación violenta del padre, sea o no una decisión consciente por parte de Zvyagintsev, se predica como el reverso exacto de la figura paterna hoy dominante en la que un padre más que un padre es un amigo. Disolver la ley, dispersar el deseo en una hiperbólica noción de que todo es posible de ser obtenido, poseído, gozado. Una escena menor de la película muestra a los dos hijos y al padre almorzando en un restaurante. Iván, el más chico y el más rebelde, quien dice tener hambre, se niega a tomar la sopa. Caprichoso y desafiante, Iván desprecia la autoridad de su padre, aunque naturalmente, Iván habrá de agarrar su cuchara y dar un sorbo, ya que su padre así lo impone. En *El regreso* abunda este tipo de escenas, pasajes que incomodan quizás, pero que provocan, a través de una disonancia semántica entre lo que vemos y lo que aprobamos, pensar sobre la función paterna. Desde ya no se trata de validar con ello una versión de la función paterna emparentada con un microfascismo difuso en el seno de la familia, pero sí restituir y restaurar la función como tal. En ese sentido, la tensión progresiva y uniforme que tiene su clímax en la excelente escena en donde se consuma la muerte del padre es un ejemplo de que una lectura *democrática* es improcedente. Nótese que el film se inicia con un Iván aterrorizado a la hora de saltar desde una torre al mar, instancia que culmina con la madre abrazando a su hijo, protegiéndolo. Verifíquese luego cómo la escena se repite. Nuevamente, Iván tiene que trepar a una plataforma similar a la que se ve en un comienzo. Tras una discusión casi mítica en la playa, Iván defiende a su hermano mayor de la agresión de su padre. Triunfa en detenerlo y sale corriendo. Su padre va tras él. De ningún modo la escena transmite que el padre lo persigue para castigarlo, sino para protegerlo. No obstante, Iván llega hasta una plataforma que con anterioridad había desistido de subir por miedo. Iracundo, en esta ocasión, sube hasta la cúspide. Su padre entonces preocupado también se trepa. Iván cierra el acceso. Su padre intenta por otro lado, y queriéndolo cuidar y salvaguardar tropieza, cae y muere. La escena está magistralmente construida. La sensación de caída es físicamente imponente debido a que Zvyagintsev elige construir la escena a través de un perspicaz plano secuencia. Lo que sigue después de ello sorprende, cautiva y contradice en apariencia la conducta de ambos niños. En cuanto muere el padre ambos parecen transfigurados, poseídos por una gravedad y una madurez discontinua al relato. Cuando el padre ya muerto se hunde accidentalmente en el mar, ver a Iván corriendo tras el bote para *salvarlo* conmueve y decreta la antítesis de lo que creíamos: ese padre amaba verdaderamente a sus hijos, pues no había dimitido en cumplir su función paterna. De allí el reconocimiento de Iván, el rebelde.

Dice Milmaniene:

"Coincidimos con Zizek, quien afirma que a la violencia del yo -basada en el desconocimiento de los principios éticos y fundada en la ambición y el cálculo especulativo y egoísta- y a la violencia del superyó -asentada en la devoción fanática y sacrificial a la Causa- las ha sucedido en el presente la violencia del ello -caracterizada por la falta de causa ideológica alguna y sustendada meramente en el goce que procura la brutal lesión o destrucción del otro-".[4]

Milmaniene afirma lo que se dice en esta cita a propósito del debilitamiento social de la función paterna. ¿No es

---

[4] MILMANIENE, José E. (2004). *La función paterna*. Buenos Aires, Editorial Biblos, pág. 52.

exactamente este veredicto el único modo de comprender la violencia desatada en películas como *Elefante* de Gus Van Sant (2003), *Baise moi* (2001) de Despentes y Trinh Thi, o *Ken Park* (2002) de Larry Clark?

El film de Van Sant, probablemente la mejor película estrenada comercialmente en Argentina durante el 2004, es otro informe lúcido y exacto sobre una sociedad sin padres, la violencia concomitante que de ello se predica, el goce obsceno y por momentos ininteligible.

Elefante sostiene una ética, de allí su estética, en conformidad al tópico delicado que elige. Van Sant interpela, interroga, mira y escucha. La totalidad del film fue escrita por los mismos jóvenes que lo interpretan. Quienes lo han visto saben que *Elefante* presenta una narración que avanza en la repetición: una misma situación, la vida cotidiana y escolar de los chicos de una escuela determinada antes de una masacre, es observada desde distintas perspectivas, de lo que se predica un tipo de comprensión estructural. En efecto, Van Sant explora y revela un microcosmos simbólico llamado escuela en el que captura en su singularidad un fenómeno universal e histórico concomitante a nuestra cultura: una pulsión de crueldad, el famoso instinto freudiano de muerte sin la compensación y resistencia de aquella fuerza complementaria de vida que se reconoce como Eros. Por eso *Elefante* no psicotiza a los adolescentes, nos los convierte en monstruos execrables. En este caso no admiran a Hitler ni son hijos de familias disfuncionales. El terror consiste en constatar cierta normalidad en sus vidas, aunque se sugiere que el medio social al que pertenecen está deserotizado, saturado por una fuerza destructiva. Diríase que Van Sant retrata una violencia sin adjetivos, casi inexplicable, el reverso de la utopía iluminista localizada en la institución escolar. El temor inconsciente es creer que la civilización como proyecto ha fracasado.

Estéticamente, *Elefante* es deudora de *Sátántángo* (1994) del cineasta húngaro Béla Tarr, aunque se pueden señalar otras influencias, como por ejemplo el cine de Stanley Kubrick. Pese a ello, hay cierta novedad formal en la propuesta y una estética enteramente supeditada a una ética de la imagen, pues el único modo de filmar lo que aquí se cuenta y evitar la banalización de lo que se muestra es a partir de un método narrativo y un tipo de registro. Ya se ha señalado el carácter repetitivo y minimalista del relato; nada se ha dicho todavía del registro. *Elefante* está construido por largos planos secuencias. El montaje, perfecto y económico, se atiene a compaginar las perspectivas de los mismos momentos ya vistos, detectando en cada repetición algún detalle, una variación. Uno de los misterios del film recae en los tramos sin cortes en los que la cámara sigue a sus personajes casi siempre de espaldas. El espectador ve siempre lo que el personaje no ve, lo que está detrás. De algún modo, *Elefante* en sí mismo camina por detrás de sus espectadores. Por un lado, tal dispositivo desprotege a quien está mirando, ya que el espectador no puede acomodar su mirada a la perspectiva de la cámara. Una y otra vez quien mira no puede identificar el topos de la mirada como tal. Hay una discontinuidad entre el ojo y el lente, entre la percepción y el encuadre. Una evidencia: allí desde donde se ve lo que se ve excluye todo sujeto posible dentro del espacio diegético capaz de sostener ese punto de vista ofrecido por la toma en cuestión. Véase por ejemplo, un instante en que Van Sant elige dejar quieta la cámara hacia el epílogo del film. Una figura fuera de foco, casi fantasmal se va acercando hacia la posición desde donde se observa. La figura lentamente se reconoce: es uno de los jóvenes asesinos. Se podría creer que el encuadre coincide con la mirada de algún personaje. Pero de ningún modo es una toma subjetiva, al menos una que represente la percepción de un personaje. Pues entonces, ¿quién y desde dónde se está mirando? Otra escena de inquietantes características es precisamente la última. Una pareja se esconde en una heladera industrial del colegio. Nuevamente el joven asesino descubre la maniobra y se acerca hasta ellos. Mientras recita un juego de palabras se alista para asesinarlos. En ese momento la cámara retrocede, se aleja, abandona la escena, se retira como si flotara en el espacio. Posteriormente se ve el cielo, los créditos empiezan a leerse y suena una melodía pacífica de Beethoven. Todo el trabajo psicoanalítico sobre la mirada adquiere una validez insospechada. El estremecimiento de *Elefante* no sólo depende de mostrar casi homeopáticamente la violencia que se desata, desprovisto de sangre e inmune de una explosión histérica. Obsérvese la ausencia de gritos, incluso la total omisión de primeros planos con rostros aterrados que subjetivizan y localizan el horror, procedimiento cuya función es proteger al espectador. Van Sant sí protege a su audiencia en no estetizar la violencia, en sustraer completamente la lógica contemporánea de su exposición. Con respecto a la violencia, Van Sant está situado en las antípodas del festín infantilizante y narcisista de Tarantino. En verdad, la conmoción que transmite *Elefante* depende esencialmente de la evocación de una mirada flotante y fantasmática que no coincide ni con la mirada de los personajes ni con la de los espectadores. Se trata de una mirada sin sujeto, una mirada antes de todo, incluso de un dios que todo lo ve. Una mirada que no viene a suturar absolutamente nada, sino más bien a dejar constancia de un hueco, un agujero en la filigrana y malla del orden simbólico, grieta que resiste al signo y que espanta[5].

Van Sant no obstante se reserva el derecho a una esperanza. Un padre alcohólico le pide perdón a su hijo, le toca el hombro. La escena puede pasar desapercibida, aunque habría que admitir allí gran parte de la fundamentación filosófica del film: la violencia del ello se explica en parte por la erosión cultural de la función paterna. En ese gesto del padre, en ese reconocimiento, todavía hay un más allá de la crueldad, un signo de Eros que el cine aquí hace suyo.

---

[5] Con respecto al tópico de la Mirada como aquí se lo concibe, ver: LACAN, Jacques. (1997). *El Seminario: los cuatros conceptos fundamentales del Psicoanálisis*, Cap. VI, Buenos Aires, Paidós; también el excelente artículo de WAJCMAN Gérard, "The Birth of the intimate", en lacanian ink 23, (2004).

Van Sant, el cineasta que siempre hizo películas sobre jóvenes huérfanos, nihiliza el nihilismo mientras reclama un enigmático y etéreo regreso del padre.

Elefante postula también un estado de guerra ya no entre naciones sino entre sujetos que no pertenecen a nada y a nadie. Cuando en 1932 Freud y Einstein cruzaban cartas en torno al clima beligerante entre las naciones civilizadas se pensaba el fenómeno de la violencia en la multitud. Freud aludía a ciertas vías indirectas capaces de neutralizar en el mejor de los casos las causas y los efectos de las guerras. Se trataba entonces de establecer ligazones entre los hombres. Sostenía que vínculos similares a los que se tiene con un objeto de amor podría ser una primera respuesta. Más aún, le parecía que la opción que diluía el afán guerrero consistía en producir y forjar identificaciones entre los hombres. Si se lee con detenimiento la carta de Freud a Einstein es contundente en la exposición de su diagnóstico, preciso y minucioso, aunque general y equívoco si sus respuestas han de ser consideradas como un programa de acción contra la guerra.

En uno de los giros más positivos de la carta expresa:

"Entre los caracteres psicológicos de la cultura, dos parecen los más importantes: el fortalecimiento del intelecto, que empieza a gobernar a la vida pulsional, y la interiorización de la inclinación a agredir...".[6]

El debilitamiento del intelecto y la caotización y desorganización de la vida pulsional son precisamente los dos rasgos culturales más destacables retratados por *Elefante*.

¿Por qué *esta* guerra? Algunas sugerencias y posibles hipótesis han sido mencionadas. *Elefante* y *El regreso*, son síntomas de un sismo simbólico, mapas visuales de una desgracia. El cine no será el psicoanálisis del pueblo, como alguna vez lo entreviera Félix Guattari, pero sigue siendo el suplemento fantasmático de nuestra civilización a la deriva.

---

[6] *FREUD*, Sigmund. (1979) "¿Por qué la guerra?". en *Obras Completas*, tomo XXII. Buenos Aires, Amorrortu editores, págs. 197-98.

SABER HACER CON EL VACÍO

Jorge Pablo Assef

"Un psicoanalista sólo tiene derecho a sacar una ventaja
de su posición,...: la de recordar con Freud, que en su materia,
el artista siempre le lleva la delantera,
y que no tiene por qué hacer
de psicólogo donde el artista le desbroza el camino"
J. Lacan, *Homenaje a Marguerite Duras*

I. Puntuaciones sobre la arquitectura en la historia del siglo XX

Arquitectura y Modernidad

A partir de los avances tecnológicos, industriales y científicos de la Modernidad se creó a principios del siglo XX el marco en que se dio la unión entre la máquina y la estética. El arquitecto francés Le Corbusier, en *L´Urbanisme*, cuenta su experiencia una noche de otoño cuando intenta cruzar Champs Elysées: *"Me remonto a los días de mi juventud, cuando era estudiante: en ese entonces el camino era nuestro; cantábamos en él... mientras el coche de caballos se deslizaba suavemente"*. No se lamenta, sino que es presa del entusiasmo, de la emoción del poder: el gran tránsito del boulevard lo volvía testigo y posterior contribuyente a un nuevo fenómeno: La Modernidad. El Modernismo surgió como un movimiento cultural que respondía a la época, una respuesta que la cuestiona, la critica, y en cierto punto, a veces sin saberlo, la representa.

El escenario del Modernismo fue la ciudad, la cultura urbana, desarrollada por la expansión económica entre 1880 y 1910, que dio origen a masas industria-lizadas consumidoras de todo tipo de moda y de entretenimiento. El individuo se ocultaba en la multitud urbana, y la multitud se volvió una representación moderna. Thomas Eliot la representa en *La Tierra yerma* (1922). De hecho las posibilidades artísticas de la ciudad hicieron que se vuelva el escenario natural de cualquier obra modernista. La simultaneidad de diferentes actividades, los cruces entre los itinerarios y modos de transporte, los encuentros fortuitos entre personas y cosas.

En este marco, la escuela alemana Bauhaus, obra de Walter Gropius y Ludwing Mies van der Rohe, tuvo gran repercusión en las aspiraciones funcionalistas urbanísticas. Y Le Corbusier extendió la idea de que la casa era una máquina para habitar, y la ciudad debía convertirse en una máquina para transitar, desterrando todo lo accidental y lo imprevisible. Fueron Philip Johnson y Henry Russell Hitchcock, los que en la exposición del MOMA de New York en 1932 llamaron a la nueva arquitectura *The International Style. Architecture since 1922*. Pero en realidad, lo que se inició como vanguardia moderna, con la Bauhaus, Stijil, Le Corbousier, se volvió un estilo universalizable a partir de los años 40, cuando el fin de la Segunda Guerra hizo que los estados occidentales apoyaran al movimiento moderno. Momento en el que aparecieron los edificios funcionales, las máquinas para vivir y los grandes bloques urbanos rodeados de parcelas verdes.

El proyecto de progreso sin límite de la Modernidad, representado por la Arquitectura de Estilo Internacional, no tardó en producir fracturas, de las que el arte se hizo eco. Aunque en cierto punto la modernidad terminó fagocitando al arte.

En 1912 Marcel Duchamp pinta su último cuadro cubista "Desnudo bajando una escalera" y comienza a pensar en términos dadaístas antes de que existiera el nombre.

El Dadaísmo fue uno de los primeros movimientos que surge como una protesta nihilista ante las matanzas mecanizadas de la primera guerra mundial (donde se usaron por primera vez gas venenoso, tanques, aviones y ametralladoras). A su vez, los cubistas optimistas confrontados con la misma realidad, replantearon su posición.

La incorporación a la pintura de materiales de uso común no artísticos (trozos de papel de diario, tela, latas) ya lo habían hecho Braque y Picasso desde el Cubismo, pero Duchamp comprendió, antes que nadie, que cualquiera de esos objetos por sí solo podía ser presentado como arte si se disociaba de su contexto, su uso y su sentido original: los readymades fueron su creación más conocida: en 1914 "Portabotellas", en 1917 un "Orinal" firmado o "Rueda de bicicleta sobre banco de cocina".

Las consecuencias de los *readymades* de Duchamp fueron imprevisibles y culminaron en el dilema posmoderno.

De allí se desprendieron los *Happenings Neodadaístas* de los artistas pop norteamericanos como eventos rimbombantes y la aparición de las *Instalaciones* que inaugura Josef Beuys, consistentes en obras ambientales.

Hasta que llega Warhol, haciendo réplicas de sopas Campbell, Marilyn Monroe luego de su suicidio, sillas eléctricas, funerales de la mafia o la cara de Jackie Kennedy tras el asesinato de su esposo.

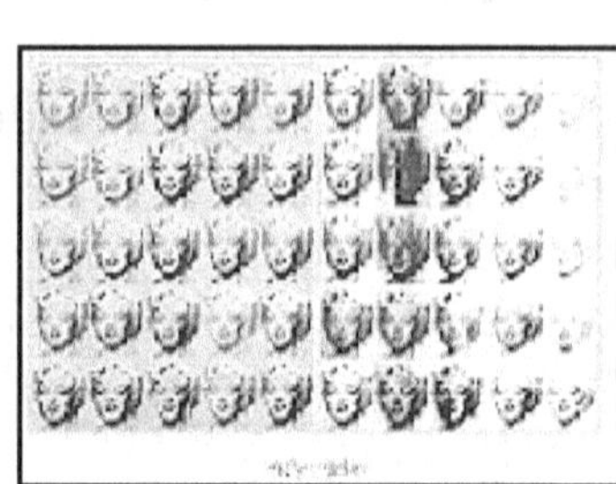

Warhol no busca arte, sino mercancía definitiva: celebridad. El aura de la obra artística se vuelve el toque de Midas: fama, que transforma todo sin cambiar nada. Marcel Duchamp que desde 1915 por elección propia vivía en New York, hizo saber su indignación frente al arte pop neodadaísta, en su declaración de 1964: *"Este neodadaísmo que hoy recibe el nombre de nuevo realismo, arte pop (...), es una salida fácil y se nutre del dadaísmo. Cuando descubrí los artículos de consumo masivo me propuse abolir la estética. El neodadaísmo los tomó y encontró en ellos belleza estética. ¡Les arrojé el secaplatos y el orinal a la cara como un reto y ahora resulta que los admiran porque son estéticamente bellos!"*.

Duchamp se oponía con su purismo a la disolución del arte en el capitalismo consumista, lo que no hizo más que afianzar la cultura pop estadounidense. En 1963 Andy Warhol decía: *"Alguien dijo que Brecht quería que todos pensaran igual. Yo quiero que todos piensen igual. Es lo que ocurre en Rusia bajo el régimen oficial. También está ocurriendo aquí en forma espontánea, sin que tengamos un gobierno estricto... Todos tienen el mismo aspecto, todos actúan de la misma manera y cada vez somos más así. Creo que todos deberían ser máquinas. Creo que todos deberían gustarles a todos."* La utilización del Modernismo para propaganda política fue un hecho difícil de manejar, tal vez, desde que Rockefeller despidió a Diego Rivera por pintar a Lenin en el mural del lobby de su edificio, quedó más claro que lo mejor para el sistema era el arte abstracto. Las coyunturas políticas apoyaban esta idea, la prohibición del Modernismo en los regímenes nazis y comunistas, y el intento soviético de volver al realismo, dio como resultado que USA se apropie del arte abstracto poniéndolo como propaganda cultural de la libertad neoliberal, un producto 100% norteamericano; en 1946, Jackson Pollock con su pintura de *Goteo Extendido*, se erige como el arquetipo de esta corriente.

El Minimalismo junto con el Arte Conceptual, son los últimos resabios modernistas.

El arte minimalista que inaugura Carl André en 1968 en la Tate Galery con sus 120 ladrillos refractantes, tiende a eliminar los elementos de expresividad, y es un producto modernista que continúa la experimentación de Malevich, quien había propuesto deshacerse de la representación a través del Suprematismo.

El Arte Conceptual intentó deshacerse de los procesos

estéticos, criticar el elitismo y la mercantilización del proceso artístico. Piero Manzoni, en 1961, tipificó el movimiento al enlatar sus propias heces y venderlas con la etiqueta "100% Pura Mierda de Artista".

Como ningún otro, el Arte Conceptual abordó el tema de la legitimación del arte como uno de los centros de la polémica posmoderna en relación al hecho de que los mercaderes del arte y sus coleccionistas terminaban instalando una obra de vanguardia dentro de los valores institucionales del buen gusto, y utilizándola incluso políticamente. Tal el uso que hizo la CIA y el McCarthysmo del arte moderno abstracto, que desencadenó el triste final de Pollock, quien nunca aceptó ser una propaganda capitalista y al igual que muchos otros de sus colegas terminó suicidándose. Con ello terminaba el último acto del modernismo romántico, el Expre-sionismo Abstracto.

El posmodernismo francés de Baudrillard, Barthes y Derrida, fue notoriamente diferente que la tarea de reciclar el basural en forma de pastiche que había hecho un sector americano del arte. Warhol mismo decía que esta superficie posmoderna es el resultado de una dieta a base de Hollywood, Liz Taylor, Marilyn y Ronald Reagan. El cine, nacido de la modernidad, con su carácter masivo, subvirtió el arte, y su relación con la industria lo volvió un ejemplo fidedigno del nuevo siglo.

Frente a Hollywood surge el cine-arte europeo de vanguardia que comulgaba con el proyecto modernista. De aquel movimiento Jean-Luc Godard pone en crisis las formas aceptadas de hacer cine, y muestra el camino que va del modernismo al posmodernismo en *Tout va bien* de 1972.

Desde la pintura, Mark Rothko y Barnet Newman producen nuevos estilos.

En la música, las composiciones seriales expiraron tras los cuatro minutos treinta y tres segundos de silencio en la obra de John Cage.

Finalmente, Samuel Beckett redujo el teatro a cuadros estáticos y en su obra *Suspiro* de 1970, el modernismo se despidió.

Arquitectura posmoderna

El modernismo progresó entonces según tres etapas:
1- Crisis de la representación de la realidad:
    Cezanne, Cubismo, Dadaísmo, Surrealismo.
2- Presentación de lo impresentable (abstracción):
    Suprematismo, De Stijl (grupo holandés al que
    pertenecía Mondrian), Constructivismo,
    Expresionismo Abstracto, Minimalismo.
3- La no-presentación (abandono del proceso
    estético): Conceptualismo.

El proceso de avance del arte disolvió el mismo arte en la búsqueda de la originalidad.

El posmodernismo es la zona amnésica del hipermodernismo, la hiperintensificación de la tecnología moderna fusionada con la economía en la industria de servicios informáticos electrónicos, que contribuyen a una gran simulación hiperreal:
- La Olestra, una sucrosa sintética de grasa, sabe, mancha y se cocina como grasa, pero no se asimila al cuerpo porque no es grasa, es digestivamente inerte.

- El espacio imaginario de teléfonos celulares,
modems, faxes, hace que el mercado bursátil
permanezca funcionando las 24 horzas; en minutos se puede desmantelar una empresa, millones de dólares comienzan a girar por el mundo sin que se vean, accionistas se hacen ricos,
caen ejecutivos, y cientos de obreros quedan
sin trabajo.
- El 16 de enero de 1991, asistimos por TV a la
primera guerra hiperreal. En el Golfo Pérsico la
realidad del campo de batalla era reemplazada
por la saturación de cobertura mediática que
desinformaba más que orientar. Desde entonces la interminable destrucción de Bosnia o el
genocidio de los Tutsis por los Hutus en Ruanda,
son masacres que sabemos que ocurren pero
que mediatizadas parecen no ocurrir.
- Los Parques Temáticos: Disneyworld es una mega
empresa que simula el sueño americano pulido
de su horror; el Museo del Holocausto de Washington DC, es un tour hiperreal, donde a cada
visitante se le da una tarjeta con el nombre de
una víctima real del Holocausto, el visitante en
cada estación irá viendo lo que le pasa a aquél
que ahora es él, verá un largo video de los es-
cuadrones de exterminio, matando, violando,
apilando cadáveres, y al final cuando sepa cuál
es el destino de la persona de quien lleva el
nombre, encontrará las tarjetas de identidad de
los visitantes en los tachos de basura.

Aplicar la técnica del arte de instalación al Holocausto requiere un objeto atemporal de apreciación *estética: un*
readymade posmoderno. *La desmemoria* a las puertas de
Auschwitz, soslayando su pasado en el futuro.

Cuando Baudrillard habla del conocedor como con-
sumidor se refiere a que el conocedor recién nacido se in-

corpora, amnésico, a un juego de fraudes que reemplazan el conocimiento.

Ante el derrumbe de la distinción entre la representación y la realidad, entre los signos y su referencia en el mundo real, se nulifica la realidad y llegamos a la hiperrealidad en la que las imágenes se cruzan sin referencia al significado.

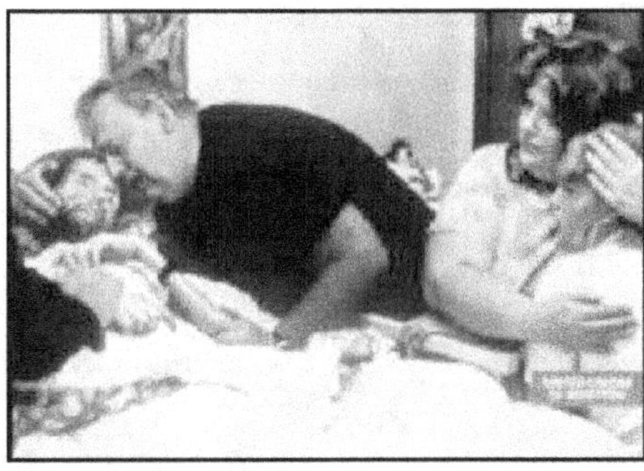

Un ejemplo de esto son las publicidades de la compañía Benetton: la foto de una novicia besando a un reverendo, un mercenario africano sosteniendo un fémur humano en la mano, o el enfermo de sida moribundo: desentierra prejuicios, marginalidad, barbarie, pero sin referencia a la cadena de hechos que hicieron posible esa imagen.

Oliverio Toscani, el fotógrafo encargado de la Campaña publicitaria de Benetton, publicó en 2001 *Adiós a la Publicidad*. En su libro se burla de la publicidad tradicional *"rosa, sexy, elitista, jóvenes alegres o esvásticas"*, dice que la publicidad *"debe cumplir una función social y no decir tonterías prometiendo efectos incumplibles por productos excepcionales".*

Actualmente, la publicidad de Benetton basa su campaña en el hambre de Etiopía, "Food for life" es el slogan, y pretende recaudar fondos para alimentos destinado a ochenta y dos países; la foto de James Morris muestra el torso de un hombre negro, sin rostro, y sin la mano derecha: en su lugar hay una cuchara articulada.

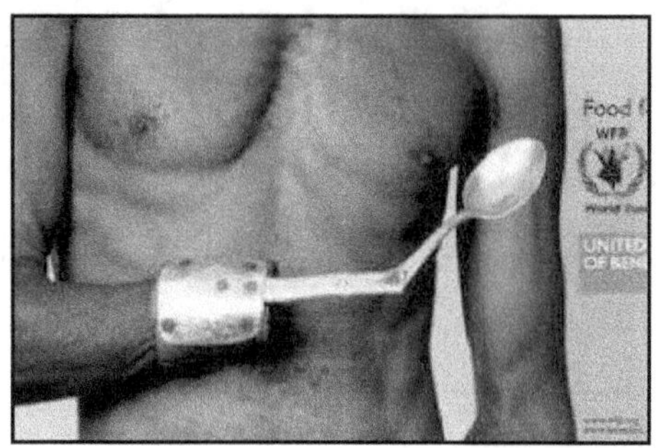

Lo que Toscani en su libro no advierte, es cómo la fotografía es un modo de concentrar pasado, presente y futuro, sin referencias, haciendo que la diferencia se mercantilice, intentando vender publicidad como conciencia social, una realidad construida artificialmente que proyecta una imagen de armonía, para vender una marca reproduciendo estereotipos culturales. Fiel reflejo del eclecticismo posmoderno, un pastiche artificial, adaptado a la monocultura del capitalismo de libre mercado. Lyotard dirá: *"El eclecticismo es el costado más crudo de la cultura general contemporánea: uno escucha reggae, mira un western, almuerza en McDonald´s y cena comida regional, usa perfumes de París en Tokio y ropa retro en Hong Kong, y el conocimiento es materia de concursos de TV. El arte Kitsch es la confusión del 'vale todo'. En ausencia de criterios estéticos, el dinero es la única vara. Todo 'gusto', como toda 'necesidad' es satisfecho por el mercado".*

¿Qué pasó con la arquitectura? Recién en los '60 aparecieron críticas y reclamos acerca de la arquitectura modernista.

En 1958 el artista austríaco Hundertwasser lanzaba el *Manifiesto del Moho Contra el Racionalismo en la Arquitectura*, donde rechazaba la frialdad octogonal de las viviendas modernas, *"Es tiempo de que la gente -dijo- se rebele contra el hecho de ser confinados en jaulas como conejos y gallinas"*, el mismo año surgían otras críticas en Italia y USA.

Charles Jencks cree poder certificar el momento exacto del nacimiento de la arquitectura posmoderna: 15 de Julio de 1972, cuando se volaron los bloques de viviendas "Pruitt-Igoe", en St. Louis Missouri, que habían ganado el premio del Instituto Norteamericano de Arquitectos en 1951, y se demolían veinte años después por inhabitables. Sus largos y desperso-nalizados pasillos se habían convertido en centro de violencia y delincuencia.

Como explica justamente quien instaló el nombre de posmodernismo, Charles Jencks, y según lo expuesto al principio, existen dos movimientos básicos dentro del posmodernismo: uno *reaccionario* donde se enmarca el Desconstructivismo, que arriba al debate luego de que los pos-estructuralistas franceses (Lyotard, Derrida, Baudrillard) fueran aceptados en USA a fines de los '70; y otro en los '80, donde se producen nuevos giros creativos: Constructivismo,Ecologismo, Reconstructivismo..., un pos-modernismo de consumo, donde vale todo. Esto se ve muy claro en las salidas que encontró la arquitectura en el debate posmoderno.

En arquitectura los intentos por revisar el movimiento moderno, pueden agruparse dentro de lo que se llamaría un Racionalismo Neoiluminista (NY 5: Meier, Eisenman, Graves) que proyectaron edificios de gran depuración formal, con numerosas citas conscientes de la modernidad.

Obras de Michael Graves:

Obras de Richard Meier:

The High Museum of Art, Atlanta, GA

Douglas Hose

El Estilo de Deconstrucción fue presentado también en el MOMA, en 1988. En pleno momento de la caída del Muro de Berlín surge una corriente que retoma el Expresionismo alemán y el Constructivismo ruso surgido a partir de la revolución de 1917. La Arquitectura Posmoderna Figurativa (Venturi, Scott, Brown) con una influencia importante del Pop Art fuera del ascetismo y las formas puras, es una arquitectura significante, sobrepuesta, con exaltación a lo comercial y saturación de la imagen, el modelo era Las Vegas. La apariencia de estas producciones permite – según Juan A. Ramírez[1] – hablar de la primacía, en los '80, de un

---

[1] BOZAL, Valeriano. (1999). *Historia de las ideas estéticas y de las teorías artísticas*

verdadero estilo posmoderno internacional universalmente extendido.

Obras de Robert Venturi:

A partir de estos movimientos las estructuras y los procedimientos técnicos que derivan de la tradición moderna se ponen al servicio de los nuevos estilos. Pero los arquitectos ya no se hacen cargo de los grandes ideales utópicos de la modernidad, sino que heredando la tradición, se ocupan más de problemas concretos (el diseño de un espacio) que del diseño de la vida social. En esta línea, se inscribe el Neoclasicismo de Bolfi, Smith, Graves y el Fracturalismo de Gehry, Libeskind, que producen episodios figurativos y meramente estilísticos.

contemporáneas. Vol. II. Madrid. Ed. Visor.

Guggenheim Museum Bilbao

Franz Gehry:

Obra de Ricardo Bolfi:

"Terminada la etapa populista / neofigurativa del primer estadio postmoderno, la lógica cultural impone las transparencias y el vacío", escribe Elvira Fernández, en su artículo "Lectura sobre *La lógica cultural del capitalismo avanzado.*"

"Si la arquitectura se usa para la representación de la riqueza (...) La época industrial se representaba muy bien a través de las grandes obras de infraestructurales pertenecientes a la ingeniería civil, mecánica, espacial, aeronáutica y las propias fábricas con sus chimeneas. La época postindustrial no logra, con los bytes y el ADN, generar elementos de cierta tangibilidad. ¿Cómo representar paradigmas aespaciales?"

Actualmente entonces, se puede verificar un movimiento en el que *"la arquitectura tiende a desprenderse de la mayor cantidad de materialidad posible, pretendiendo asimilarse a campos de energía"*.

II. El vacío en el centro

Freud habló de *"Das Ding"* para referirse al vacío intrínseco que existe en el seno del ser, si es que podemos expresarnos tan filosóficamente. La experiencia mítica de satisfacción de la que Freud se vale para construir el inconsciente en 1900, deja como secuela de ese vacío al deseo, es porque hay una ausencia misma en el centro del ser que el sujeto desea, desea sin saber lo que desea, desea y cuando encuentra lo que creía desear ya quiere otra cosa, desea sin parar...

Sabemos luego con Lacan, que no se trata de ningún objeto perdido, no era el pecho materno, aunque nos sirva de representación, no era la placenta, ni era la madre misma del Complejo de Edipo, sino que ese objeto se desliza entre las palabras y las cosas, entre lo real y el significante, será el significante faltante lo que hará mover la cadena; y encontraba un ejemplo en las palabras de Chaplin: *"el amor es la más bella de las frustraciones porque es más de lo que uno puede decir"*, es lo que siempre queda fuera de la posibilidad de representar con el lenguaje, algo se pierde cuando el sujeto intenta pasar *La Cosa* en sí al lenguaje para nombrarla.

"Esta cosa (...) estará representada siempre por un vacío –dice Lacan– *(...) ella sólo puede ser representada por otra cosa"*[2]. Es decir que el *Das Ding* freudiano, traducido como *La Cosa*, es ese vacío del que podemos hablar o intentar representar pero siempre a través de otra cosa, ya que en sí mismo, es *irrepresentable*.

El modo en que un sujeto puede poner algo en lugar del vacío de *La Cosa*, es también la sublimación artística, explica François Regnault[3].

Es por ello que si entramos al registro de la representación nos encontramos con el arte: *"Todo arte se caracteriza por cierto modo de organización alrededor de ese vacío"*[4] dice Lacan en 1960, y el ejemplo característico al que recurre es el del alfarero.

Lacan opinará que de todas las artes, justamente la arquitectura es la que mejor muestra la organización alrededor de un vacío, pero hace referencia fundamentalmente a la arquitectura original, a la caverna -por llamarle de alguna manera- y al templo, la representación que Hegel usa para hablar de la arquitectura en torno al vacío.

---

[2] LACAN, Jacques. *Seminario 7*. Bs. As. Edit. Paidós, pág. 160.

[3] REGNAULT, François. (1995). *El arte según Lacan*, Bs. As. Edit Atuel. Eolia.

[4] LACAN, Jacques. Op.cit.

En su Seminario *Real, Simbólico, Imaginario (RSI)*, casi al final de su enseñanza, Lacan retomará la arquitectura para mostrar cómo a partir del neoclasicismo ésta se somete a las leyes de la perspectiva, poniéndose del lado de la pintura: *"A partir de ese momento se está encerrado en un nudo que parece escamotear cada vez más el sentido de ese vacío. Y creo que el retorno barroco a todos los juegos de la forma, a todos esos procedimientos, entre los que se cuenta la anamorfosis, es un esfuerzo para restaurar el verdadero sentido de la búsqueda artística"*[5], con esto Lacan se refiere al vacío, a la representación del vacío.

Regnault agrega: que haya un vacío del espacio pictórico no excluye que el vacío pueda ser ubicable ahí como tal. El vacío es del orden de lo real, y el arte utiliza lo imaginario para organizar simbólicamente ese real.

Es por ello que Gérard Wajcman explica que la enseñanza paradigmática del cuadro "Cuadrado Negro sobre Fondo Blanco" de Malevich, es que *"...un cuadro es, realmente, de verdad, una pantalla que, lejos de abrir al mundo, realmente, de verdad, lo oculta, y al mismo tiempo que sobre esta pantalla se pinta algo, allí se 'da-a-ver'"*[6].

"Cuadrado Negro sobre Fondo Blanco", C. Malevich. 1915

---

[5] LACAN, Jacques. Op.cit.
[6] WAJCMAN, Gérard. (2001) *El objeto del siglo*. Bs. As. Amorrortu Edit. Pag. 126.

La doble función del *"dar-a-ver"*, es trabajada por Lacan en 1964. En su Seminario *Los Cuatro conceptos fundamentales del Psicoanálisis*, Lacan quiere mostrar cómo la función de la mirada está desprendida de la del ojo y lo nombra como *"la esquizia entre el ojo y la mirada"*; tratará de ejemplificarlo desde el amor: *"... en la dialéctica del ojo y de la mirada, vemos que no hay coincidencia alguna, sino un verdadero efecto de señuelo. Cuando, en el amor, pido una mirada, es algo intrínsecamente insatisfactorio y que siempre falla porque – Nunca me miras desde donde yo te veo.*

A la inversa, lo que miro nunca es lo que quiero ver"[7]

Lacan llamará *"la función de la mancha"*, para mostrar de qué manera lo que se muestra no es lo que realmente hay en lo que se ve, es la mancha, lo que atrae a la mirada, como lo que marca la preexistencia de un dado-a-ver respecto de lo visto.

Entonces Lacan se pregunta: ¿qué es un cuadro? Y responde: un *"trompe-l´oeil"*, un engaño, un juego con un señuelo para cazar algo, una trampa de cazar miradas, dice: *"...podríamos pensar que el pintor como el actor, busca metérsenos por los ojos, que desea ser mirado. No lo creo. (...) A quien va a ver su cuadro el pintor da algo que, al menos en gran parte de la pintura, podríamos resumir así '-¿Quieres mirar? ¡Pues aquí tienes, ve esto!'. Le da su pitanza al ojo, pero invita a quien está ante el cuadro a deponer su mirada* (deponer en los dos sentidos, que invita a que ponga su mirada en el cuadro, e invita a que mire lo que el pintor quiere que mire) *como se deponen las armas. Este es el efecto pacificador, apolíneo de la pintura. Se le da algo al ojo, no a la mirada"*[8]

Lo que Wajcman dice acerca del cuadro de Malevich que inaugura el arte moderno, es que lo que se muestra entraña algo más cercano a lo Real, en tanto indecible, que la

---

[7] LACAN, Jacques. (1995). *Los cuatro conceptos fundamentales del psicoanálisis Seminario 11*. Bs. As. Edit Paidós. Pág. 109.
[8] LACAN, Jacques. Op cit, pág. 108.

pintura impresionista o expresionista previa a 1915, entraña algo de lo imposible de representar, pero no lo representa, porque en sí es irrepresentable, sólo que en su trampa da a ver algo que supone oculto. La función es similar a la del velo, que nos engaña haciendo suponer que algo hay atrás; pero atrás no hay nada, dice Lacan, la mirada vence y, más veloz que el ojo, rápidamente se dirige al velo, creyendo encontrar detrás algo para ver, eso es un cuadro.

La posibilidad del arte moderno, dice Wajcman, y lo muestra con este cuadro, es dar-a-ver aquello indecible. No es casual para Wajcman que este cuadro haya sido concebido por un pintor ruso, en 1915, cuando en su país se iniciaba una guerra que ese año se cobró dos millones quinientas mil vidas y que terminaría costando diez millones de muertes, tal vez por ello Malevich le llamó *experiencia de ausencia*, ausencia que el cuadro trata de hacer ver. Sin duda conmueve, dado que desde 1930 estuvo guardado en el sótano de la galería de arte de Tretiakov, hasta la década del '60 cuando pudo salir; por entonces el propio Kruschev aún criticaba el arte abstracto.

Pero la cuestión no se queda allí, según el análisis de Wajcman, al *dar-a-ver* según un modo tan particular, el arte moderno *hace-ver* lo que el sujeto preferiría olvidar, y este es el principal valor que destaca en su producción.

III. ¿La Era del vacío o del rellenado?

De lo que se trata entonces es de pensar qué hace el sujeto con ese vacío estructural sobre el cual construye su ser. Los modos del tratamiento de este vacío es lo que organiza la vida de un sujeto, la forma de vivir de alguien, y también los modos en que una sociedad determinada en algún momento histórico construye un dispositivo operativo para hacer algo con ese vacío: a eso lo llamaremos cultura.

La producción y la industria en pleno apogeo de la Modernidad fue un modo cultural representado por ejemplo en la pintura de Picasso y Braque: trozos del mundo exterior pegados en collage, desperdicios urbanos que Kurt Schwitters se encargó de enfatizar como base de su obra a la que denominó "Merz" como forma de denuncia (por *commerz*, comercio en alemán; y por *merd*, mierda en francés).

Este movimiento, lo vimos anteriormente, decantó en un proceso que jaqueó al arte mismo. Pero lo jaqueó como terminó jaqueada la historia de la humanidad.

El nazismo puso ante los ojos de la humanidad el horror. Muerto el sueño moderno del *hombre nuevo*, se demuestra que el ser humano había creado medios que, puestos al servicio de la industria de la aniquilación podían generar una fábrica de la muerte: "*...hasta la más extrema conciencia de final tiende a degenerar en charla ociosa. La crítica cultural se encuentra frente a la etapa última de la dialéctica entre cultura y barbarie. Escribir poesía después de Auschwitz es un acto de barbarie. Y esto corroe incluso el conocimiento de por qué se ha vuelto imposible escribir poesía hoy. La reificación absoluta que presuponía el progreso intelectual como uno de sus elementos, se prepara para absorber por entero la mente*", decía Adorno en "Prismas", 1956. Al mismo tiempo se inventó un modo de producir el vacío: "*Borrar hombres de la lista de los vivos y borrarlos también de la lista de los muertos. Como si no hubieran existido nunca. Y luego borrar la propia lista (...) y luego hacer desaparecer la hoja misma, reducirla a cenizas, y luego dispersar estas cenizas, y luego disipar el humo y el olor a quemado.*"[9] Dice Gérard Wajcman, en *El objeto del siglo*. Es el ejemplo de uno de los mayores campos de concentración, Treblinka, del cual no quedó absolutamente nada, nada de nada.

Wajcman planteará que el siglo entonces crea un objeto sin memoria, un objeto que sólo podría pensarse a través del arte: "*el arte del siglo y el objeto del siglo se frecuentan íntimamente*"[10] En este sentido, Wajcman nos invita a "*Mirar las obras de arte como objetos pensantes y mirar el mundo con la*

---

[9] WAJCMAN, Gérard. (2001). El objeto del siglo. Bs. As. Amorrortu Edit. Pág. 20.
[10] WAJCMAN, Gérard. Op. Cit. pág. 23.

ayuda de estas obras."[11]

El movimiento cultural generado a partir del encuentro del hombre con el horror del que era capaz, determinó profundamente la cultura.

¿Cómo representar el Real crudo, insoportable, lo que Freud diría en 1920, como el trauma de guerra, el encuentro directo del sujeto con lo Real?, ¿cómo representar el momento en que la cultura deja de regular el goce para ser tomada por él en la más mortífera trampa? Estas preguntas dieron origen a lo que se llamó la muerte del arte, o *La Crisis de la Representación*.

Ya Lyotard menciona al pintor ruso Casimir Malevich que en 1915 *"presentó lo sublime irrepresentable"* pintando un cuadrado blanco sobre un fondo blanco, como el antecedente al arte moderno, en su intento por recuperar el vacío de la representación ante el horror que dejó la matanza de la segunda guerra mundial, agregando al holocausto la bomba atómica de Hiroshima y otros hechos.

Malevich justamente en 1919 escribe su *Manifiesto del Suprematismo*, donde deja claro que sabía lo que hacía: *"... he traspasado la frontera azul de los colores; salgan al blanco junto a mí, camaradas pilotos; naden en este infinito. He establecido el semáforo del suprematismo. He vencido la tela del cielo colorido, la he arrancado, y en el saco que se formó guardé todos los colores y lo anudé. ¡Naden!, la libertad del mar blanco está frente a ustedes"*.

El camino desde la representación a la mínima y pura abstracción, para Mondrian no era suficiente, ya que buscaba componer de un modo distinto hasta las líneas de color para alejarlas lo más posible de la naturaleza, el intento de deshacerse de toda referencia representacional.

El modo en que Malevich, Mondrian y otros pioneros de la abstracción buscaban resolver esa *Crisis de la Representación*, fue abordado por el crítico británico Clive Bell, en *Le monde Rien: "para apreciar una obra de arte no debemos llevar con*

---

[11] *WAJCMAN, Gérard. Op. Cit. pág. 25.*

nosotros nada de la vida". De lo que se trata es del intento de llevar al concepto (siempre inadecuado para representar la realidad) a una realidad sublime, rescatándolo y elevándolo, eliminando toda huella de realidad de la representación de lo impresentable.

En la actualidad, tenemos un referente argentino de este movimiento, Guillermo Kuitca (1961): *"La pintura de Kuitca hace frente a la muerte de la pintura, cuestión recurrente en el siglo XX. Al pintor no le cabría, en consecuencia, salvar a la pintura de la muerte sino deconstruir, a través de la pintura misma, el carácter irreductible de esta dificultad."*[12]

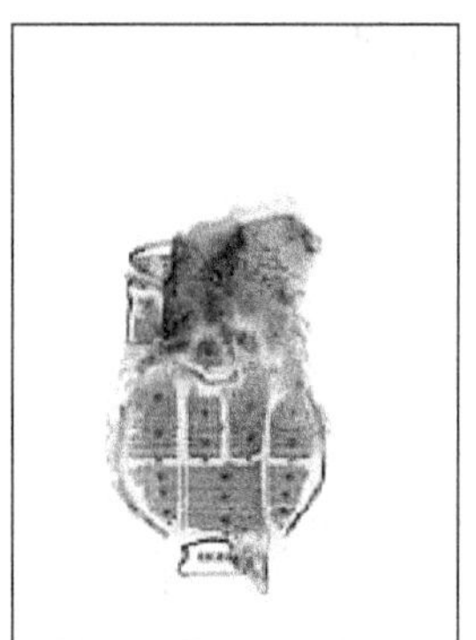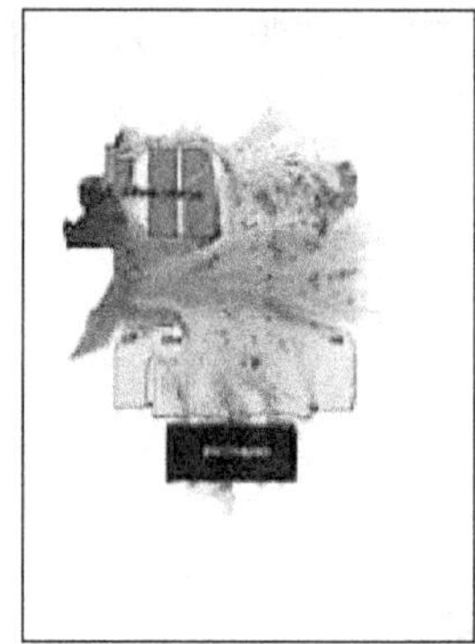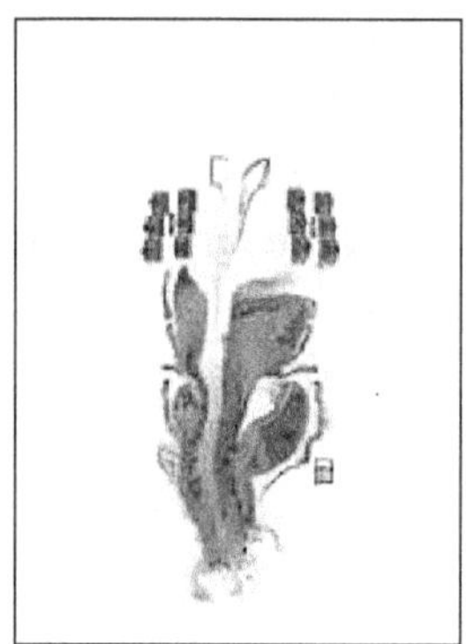

Pinturas de Guillermo Kuitca, 2002, Exposición Malba Bs. As. 2003

Decíamos esto sobre el camino que fue del Modernismo en su origen al Arte Abstracto, representaciones de los modos en que una sociedad intentó arreglárselas con el vacío.

Ahora volvamos a la arquitectura desde la actualidad cotidiana, lo que vemos todos los días al salir a la calle.

Veíamos en el punto I, que una orientación de la arquitectura posmoderna ofreció lo vernáculo, enfatizando lo

---

[12] HERKENHOFF, Paulo. (2003). *La pintura de Guillermo Kuitca*. Madrid. Museo Nac. de Arte Reina Sofía.

local y particular, regresando al ornamento, la referencia al pasado histórico bajo la forma de parodia o pastiche. Este es el origen de un movimiento que desencadena, según Rem Koolhas, lo que él denomina *Espacios Basura*, refiriéndose a cómo las ciudades contemporáneas matan el espacio, tratan de olvidar o disimular los huecos, una arquitectura de la saturación, llenar por llenar, sin pensar cómo.

La construcción así sirve como prueba visible de la teoría posmoderna, que puntué anteriormente.

En razón de esto, me preguntaba si podemos adherir en este punto a la tesis de Gilles Lipovetsky, quien en 1986 postula *la era del vacío* en su libro homónimo, o en realidad es un tiempo que el mundo capitalista promueve a través del consumismo globalizado, como una era del *rellenado*, un intento de no querer saber nada del vacío.

Las metrópolis actuales intentan calmar el ruido con más ruido, ordenar, poner límites, densificar; en el siglo XX se construyó cuatro veces más que en el resto de la historia, y no es sólo por la revolución de la modernidad. Indudablemente, la industria del mundo capitalista no sólo necesita llenar los espacios de productos de consumo, también necesita tener donde ponerlos, donde venderlos, donde usarlos y donde exhibirlos: los Shoppings Centers se suman a las galerías comerciales, peatonales, mercados, centros cívicos, las pantallas gigantes de publicidad se suman a los carteles tradicionales, letreros luminosos, neón, hombres disfrazados repartiendo volantes, afiches en las paredes, autoadhesivos en las paradas de colectivos, pinturas en las medianeras, slogans sobre los trolebuses...

¿Qué pasaría si sacamos un fast food y ponemos un Slow Space en la esquina de 9 de Julio y General Paz? Es la pregunta que se haría Fernanda Canales, quien expresa: "... *mientras para algunos la arquitectura significa llenar espacios para otros representa crear vacíos. Un espacio vacío* – continúa – *no sólo es ausencia y soledad, significa potencia y posibilidad, un cam-*

po abierto, opciones. Construir no es necesariamente llenar"[13].

Es que a la par de la arquitectura de la saturación existe, y cada vez con mayor fuerza, un movimiento artístico mundial donde se acepta que el flujo de la vida moderna exige menos masa y la arquitectura se desplaza hacia un territorio más líquido, menos confinado, *más vapor que cuerpo*. A esto se refiere Elvira Fernández al hablar de la nueva arquitectura que tiende a desprenderse de la materialidad a través de la transparencia y el vacío intentando asimilarse a campo energéticos.

Esta posición es solidaria al planteo psicoanalítico y al trabajo mismo de un analista en su consultorio. Y va particularmente de la mano con el movimiento del arte abstracto que rescata Wajcman.

IV. Psicoanálisis y Arquitectura. Saber hacer con el vacío

Decíamos que el arte rodea un vacío. Miller dirá que en el arte, el vacío de goce, el hueco, es rodeado en la creación misma de un objeto, entonces este vacío no es previo a la creación del objeto sino su consecuencia: pero ya no es vacío, es la obra de arte.

Volvamos al arte en general.

El libro mencionado de Wajcman, expone el camino que va de Malevich al arte contemporáneo haciendo una torsión más en el análisis. Manifiesta que el arte contemporáneo apunta a lo real, más allá de la palabra, más allá de la imagen, trata de hacer ver la cosa misma.

Si la apuesta del siglo es poblarlo todo, llenarlo todo, ante un hecho como el Holocausto, aparecen museos y monumentos, actos y placas recordatorias, Berlín completo está cubierto de monumentos, carteles, señalética histórica.

---

[13] CANALES, Fernanda. (2000). "Arquitectura hambrienta" , Revista "La Tempestad", N° 6, Puebla, México.

Resultados: *"nosotros no tuvimos nada que ver con eso"*, decía un grupo de jóvenes alemanes con quienes compartía una conversación hace sólo un par de años.

Wajcman, propone en contraposición al *"frenesí patrimonial de la gran conmemoración"* a Jochen Gerz, artista contemporáneo que realizó, entre otros, el "Monumento contra el fascismo" de Hamburgo, consistente en una columna de doce metros de alto, cubierta de plomo macizo, sobre la cual la gente podía firmar. Todos los años se hundía sobre su base más de un metro; diez años después de su inauguración, en 1993, quedó enterrada, sólo se ve su superficie.

"La obra monumental de JG opera una transferencia de la memoria al hacer pasar la memoria muerta de los monumentos, que mortifican la memoria, hacia la memoria viva de los espectadores. (...) los museos son lugares donde la memoria se muta en historia, vale decir que se petrifica en los objetos. (...) Este monumento es brutal, clava sobre los pies de los ciudadanos todos los días de la mañana a la noche, en el corazón de la ciudad: 'véase sobre qué está edificada Alemania, he aquí lo que lo hace insoportable'[14], al punto de que de noche hubo ciudadanos que en vez de firmar disparaban con sus rifles contra él.

Jochen Gerz & Esther Shalev-Gerz. "Harburger Mahnmal gegen Faschismus":

1984   *Disparo sobre el plomo*   1991

---

[14] WAJCMAN, Gérard. Op. Cit. pág. 192.

2000

En este sentido el arte moderno apunta a lo Real, y se vuelve una contracorriente privilegiada frente a la posmodernidad hiperreal, que construiría quinientos museos multimediáticos, para terminar sepultando la memoria en una saturación superficial que la destruye.

Y en este sentido el arte moderno, contemporáneo, a contrapelo del discurso posmoderno, además de dar-a-ver como decíamos anteriormente, *hace-ver*, dice Wajcman.

La cultura actual, con su extrema profusión de imágenes, lleva al extremo su voluntad ciega y sorda. La televisión es un buen ejemplo, un lleno de imágenes que no deja ver ni saber, pero es que en realidad los espectadores no quieren ver. Ya lo decía Freud: el sujeto quiere dormir. Por eso el deseo del arte de hacer-ver debe venir de afuera, ganarle a la inercia de la ceguera.

El arte moderno, dice Wajcman, *"hace ver lo que no se puede ver, tiene la potencia de llevar nuestras miradas hacia lo que no tenemos realmente ganas de ver, (...) exhibe la mirada como un acto donde, lo quiera o no, el espectador está comprometido...*

"Mostrar lo que uno se niega a ver: podría ser una definición bastante aceptable de la interpretación analítica.

"De ahí, una manera de atrapar lo que sería la obra de arte: un objeto que a diferencia de cualquier objeto de consumo, antes de llenar, antes que satisfacer nuestra libido vivendi, vendría por

el contrario a quitar, a mellar, a dividir, a perforar en nosotros un montón de agujeros."[15]

El arte moderno entonces se afana en causar en nosotros, a través de su deseo, el deseo de mirar, como el deseo del analista promueve el deseo de saber en el analizante; el arte que quiere hacer ver, conserva la esperanza de despertar al que mira: *"Contra todo lo que nos conmina en general: 'Se ruega cerrar los ojos', el arte nos invita a algo muy distinto, a abrir el ojo. 'Se ruega mirar la Ausencia', frase que debería presidir la puerta de entrada al museo del siglo XX"*[16]

Es interesante cómo el film *Ararat* estrenado en Córdoba hace poco tiempo, plantea este doble movimiento. El film muestra dos posiciones frente al horror del genocidio armenio: una es la película que se filma dentro de la película, una técnica del monumento heroico y lacrimógeno, la otra es la película misma, que muestra cómo aquel joven sin historia vuelve al campo (actualmente vacío) donde sucedieron los hechos, a intentar subjetivar un vacío, puesto en juego a partir de la ausencia de su padre, y que no puede representar a través de esa película heroica de cuyo montaje es parte.

Desde el lado del psicoanálisis, podemos decir en relación al artista moderno, que el analista dirige al analizado a su falta en ser, para luego invitarlo a producir una invención con la cual poder habitarla, el vacío del que se trata entonces es un espacio que el sujeto pueda habitar según su deseo. Un espacio como el que describe Pierre Rey al final de su análisis con Lacan: *"como no hay nada escrito, cada cual, si lo desea y si puede, escribe en la lengua de su deseo lo que le gusta de su historia".*

Más que ninguna, la arquitectura es una actividad paradigmática de la composición de objetos que delimitan el vacío, que envuelven espacios, que le colocan fronteras.

---

[15] WAJCMAN, Gérard. Op. Cit. pág. 206.
[16] WAJCMAN, Gérard.Op. cit. pág. 207.

Hay momentos, como dice Lacan, en la historia de la arquitectura en que se escamotea este vacío, por ejemplo el Barroco con su uso profuso de voluta, curvas y adornos. El arte bizantino, cuyo cometido religioso y didáctico hace que todas las superficies estén totalmente cubiertas de explicaciones sobre el sentido de las imágenes. O la arquitectura desprendida del posmodernismo vernáculo donde vemos cómo en las ciudades los espacios de silencio son devorados por las arquitecturas masivas.

Pero bien entendida, la arquitectura es la creación de espacios, no de masas, es aire y cuerpo al mismo tiempo. No se trata de tragarse el vacío, dice Canales, ya que la arquitectura debe poder construir entre los intervalos y los vacíos equilibradamente.

Para Alison y Peter Smithson *"...las formas arquitectónicas más misteriosas y cargadas de significados son aquellas que capturan el aire vacío"*[17]

Tenemos ejemplos actuales como Tadao Ando[18], un arquitecto japonés contemporáneo, que reelabora el megarón griego, construcción primitiva que sirvió como precedente morfológico a los templos griegos, su hipótesis de trabajo es transmitir el vacío.

Respondiendo así a todo un movimiento actual del arte, el que señalaba Wajcman, si para Cage, la música se compone de sonidos y silencios, la arquitectura se compone de llenos y vacíos. Pero así como el silencio de Cage, el vacío de la arquitectura contemporánea se escucha.

Finalmente, Wajcman no se sorprende de la relación que existe entre el arte moderno y el psicoanálisis lacaniano; articulando la historia de ambos dirá: *"Freud fue el teórico del arte que tapa. Lacan fue, y será cada vez más, el del arte que agujerea. (...) la teoría lacaniana es una teoría contemporánea"*.

---

[17] CANALES, Fernanda. Op. Cit.

[18] SEIBERT, Úrsula. (1996). "El vacío: entre la arquitectura y el psicoanálisis" en *Lo que se escribe de la interpretación*. Bs. As. Edit. del Cifrado.

Iglesia en Tokio

Benetton Center Italia

Pabellón Japonés Sevilla/1992

V. Unas palabras más sobre el psicoanálisis

Wajcman al final de su libro hace un homenaje a los artistas, *"Gerz, Lanzmann, o Haacke, o Boltanski, o Godard, u otros aún, una parte del arte consiste en fabricar objetos con ausencia, visible con falta-para-ver, dureza con agujero, arte con desecho, grandeza con horror. Estas obras son, en un sentido, el zócalo del arte. No dan pie a ninguna infatuación. (...) Habrá que pensar, pues, que todos los artistas son siempre, en alguna medida, (...) los que hacen algo, arte, con nada"*[19]

J. A. Miller plantea, explicando sobre el final de análisis: *"... a diferencia de las identificaciones, al síntoma no lo hacemos caer; y que, a diferencia del fantasma, el síntoma no se atraviesa. Quiere decir que con el síntoma tenemos que vivir, que debemos (...) faire-avec (hacer con)"*[20]. Miller no hace más que retomar las palabras de Lacan de 1977: *"...Conocer su síntoma*

---

[19] WAJCMAN, Gérard. Op. Cit. pág.238-239.
[20] MILLER, Jacques-Alain. (2000) *El Hueso de un análisis*, Bs. As. pág. 72.

quiere decir hacer con, saber arreglárselas, manipularlo. Hacer con su síntoma es el fin del análisis"[21]

La respuesta del psicoanálisis, a diferencia de los infinitos métodos de autoayuda, y de más respuestas paliativas que ofrece el mercado del american dream, es que no promete al sujeto liberarlo completamente de las amarras de su ser, sino que le posibilita luego de conocerlas, poder elegir con cuales quedarse, y hacer algo nuevo con ellas.

Recuerdo la última escena de la película Las Horas: aquel momento en que se exorciza el fantasma de Laura Brown, cuando Clarissa se suelta el pelo, y no necesita decirle *"te amo"* a su partenaire, cuando Julia siente las manos de la Sra Brown sobre su mejilla; Clarissa deja ir a Richard, ya no es más la Sra. Dalloway, vuelve la mirada hacia su pareja, su hija, su casa, sus floreros, sus plantas, los adornos de su living, los estantes de sus bibliotecas, reconoce uno a uno los objetos con los cuales fue poblando su vida.

Poblar el vacío con aquellos objetos, el amor, el dinero, la naturaleza, el arte, tantas mercancías disponibles, poblar el vacío no es lo mismo que alojarlo para darle a los objetos otro uso, hay que escribir con los restos de nuestra historia algo distinto, al margen de la hoja, según la lengua del deseo propio, diría Pierre Rey.

Hace poco conversaba con un amigo americano en Nueva York, a quien le costaba entender cómo era esto de que el psicoanálisis proponga un final distinto al *"happy end"*, cómo puede existir una propuesta terapéutica que deja al sujeto con sus mismas estructuras pero distintas, que no lo lleva al cambio radical del ser regalándole otra identidad, pero que sí permite una invención distinta de sí mismo.

A los americanos les cuesta entender el psicoanálisis, de hecho la propuesta americana para solucionar el vacío que dejó el derrumbe del World Trade Center (no cualquier nombre), la caída del mito nacional que sostiene toda una cultura,

---

[21] LACAN, J.: "Línsu que sait...", clase del 16 de Nov. de 1976. Ornicar N° 12 y 13, Paris, Navarín.

es rellenarlo con algo más grande, un mito más poderoso, un edificio más alto, sino el más alto del mundo.

Esa noche en Nueva York con mi amigo salíamos de ver el grupo musical Stomp. El escenario era un gran basural, donde seis chicos hacían un concierto con latas viejas, con bolsas de papel, con tarros, vidrios rotos, palos; un basural lleno de desechos, de objetos que no sirven para nada, de desperdicios y mugre, de allí era de donde Stomp hacía salir música.

Salimos del teatro con mi amigo americano, a quien le costaba entender cual era la propuesta final del psicoanálisis, y se me ocurrió que el ejemplo era Stomp, y se lo dije: sacar música de un basural, no implicaba cambiar los objetos, ni el escenario, ni el mundo, ni la historia, implicaba encontrar el modo de que de allí pueda nacer una obra de arte.

Saber hacer con el vacío, saber hacer cada quién a su modo con su propio vacío... tal es la obra de arte que el psicoanálisis nos propone.

LA ARQUITECTURA DEL SIGLO XX

Víctor Bentolila.

Dentro del cuadro taxonómico de las distintas categorías de las creaciones humanas, tenemos un campo que es el del hábitat cultural humano, que está constituido, por definición, por creaciones utilitarias y que se desarrolla en dos subgrupos, a saber: el objetual y el espacial.

Podemos sintetizar estas dos categorías con dos términos: *afuera y adentro.*

1) El mundo objetual utilitario, está constituido por los muebles, las herramientas, las máquinas, los instrumentos, etc. Cada uno de estos artificios está estructurado mediante llenos y vacíos. El hombre se involucra con estos objetos (como en toda interfase artística) pero desde el exterior a los mismos. Está *afuera.* Aprecia y valora los vacíos que hubieren en la cosa, pero no entra físicamente en ellos, no está contenido en los mismos. Si hiciéramos un correlato con el arte puro, podríamos decir que hay una asimilación (como medio expresivo) con la escultura y la pintura.

2) El mundo espacial utilitario es la arquitectura propiamente dicha. En ella hay también llenos y vacíos, pero la función de esos llenos que rodean el vacío es, justamente, la conformación de este último.

En relación a estos vacíos, el hombre se involucra no *con* ellos, sino *en* ellos.

El hombre usa, aprecia y valora el vacío desde adentro, estando contenido en él.[1]

La esencia de la arquitectura es entonces ese *vacío.* Sin él, no existe la categoría. Aquí, no hay escenario ni puntos de vista fijos (lo opuesto a la escenografía). El sujeto mira todo

---

[1] *LAO-TSE: (571 AC) "Cuatro paredes y un techo no son Arquitectura, sino el espacio que encierran adentro".*

a su alrededor y esta potencialidad, hacía de la arquitectura, hasta hoy, una disciplina única, sin correspondencias en el arte puro.

Con el comienzo de la era tecnotrónica y sus posibilidades esbozadas, esta situación ha cambiado.

Existe en el hombre una necesidad ancestral de segregar el gran espacio del universo en que vive y esto trasciende lo protectivo físico. En ciertas situaciones ideales, donde el microclima espacial específico está conseguido, hay personas que tratan de buscar un mayor *abrigo*. Verbigracia: la elección de mesas en un bar. Para cada actividad que se desarrolla, hay un óptimo correlato espacial-dimensional y si el espacio es grande en exceso el sentimiento del usuario es de desamparo. A esto se le da el nombre de *horroris vacui*.

El escrito de referencia para este seminario es *El objeto del siglo* de Gérard Wajcman en donde se habla de dos obras del comienzo del siglo pasado ("Cuadrado negro sobre fondo blanco" de Casimiro Malevich y "Rueda de bicicleta" de Marcel Duchamp). En este texto se hacen variadas y acertadas interpretaciones sobre el sentido de la abstracción artística y el vacío.

Pabellon Real - *Brighton Columnas en forma de palmeras en la cocina*

Neoclasicismo - *El Capitolio (1793) Thornton, Bulfinch y Walter*

Desde el inicio, la arquitectura es el arte más abstracto de todos.

En los momentos históricos en que la mímesis regía en todas las ramas del arte, en arquitectura ésta se manifestaba de dos maneras: la imitación de la naturaleza, aplicada a algunos de sus componentes, (vg: las columnas) o la figuración a sí misma: la propia arquitectura anterior a ese momento (vg: neoclasicismo).

En relación con el vacío, ya mencionamos que la arquitectura *es el vacío*. La esencia de la misma.[2]

Trataremos de analizar esta rama, como representación de los distintos estadios del hombre, durante el siglo XX.[3] Cuando comparamos productos de épocas distintas, necesitamos estudiar y comprender la sociedad de cada momento, por lo que incluyo una síntesis apretada de cada uno de esos momentos característicos de ese siglo.

En este estudio, nos obligamos a una necesaria unificación de la sociedad humana. Exponemos una síntesis, sin ignorar las diferencias que existen entre sociedades diversas y contemporáneas entre ellas.

La era industrial

Este momento histórico que se desarrolla desde las primeras décadas del siglo XX y hasta el fin de la segunda guerra mundial, tiene, en arte, un significado muy importante ya que, algunos de sus postulados se mantienen vigentes aún hoy .

Enunciamos aquí los hechos globales de ese momento, que influyeron en el objeto de nuestro estudio:

- En el año 1910 la composición económica mundial sostenía un predominio compartido entre la agricultura y la manufactura, mientras los servicios representaban

---

[2] WAJCMAN, Gérard: *"Quizá con esta rueda se expone aquí la esencia de todo objeto. En el mercado del deseo, ¿será todo objeto un agujero con un poco de materia alrededor?"*

[3] HUGO, Víctor (1802-1885)- "La arquitectura es el gran libro de la humanidad".

sólo un 25%.

- La cantidad de habitantes del mundo ascendía sólo a mil seiscientos millones.
- Existía un boom en la instalación y el desarrollo de las fábricas con el consecuente incremento y predominio de las masas obreras.
- Coherente con ello, se interpretaba la presencia de las máquinas como el motor del desarrollo humano.
- Desde el punto de vista político, la revolución rusa signaba toda la primera mitad del siglo, sirviendo de modelo a emular.
- En el campo de la representación icónica, el uso de la fotografía despertaba la admiración de todos.
- En cuanto a la situación de los componentes específicos podemos describirlo sintéticamente de la siguiente manera:
- El lenguaje arquitectónico neoclásico ya no respondía a toda esa situación general. Se produce un vacío de la representación por una saturación del uso de la retórica y la búsqueda de la belleza mediante fórmulas determinísticas basadas en modelos anteriores. Era necesario dar a la expresión de la máquina el lugar que le correspondía, acorde con lo descrito anteriormente.

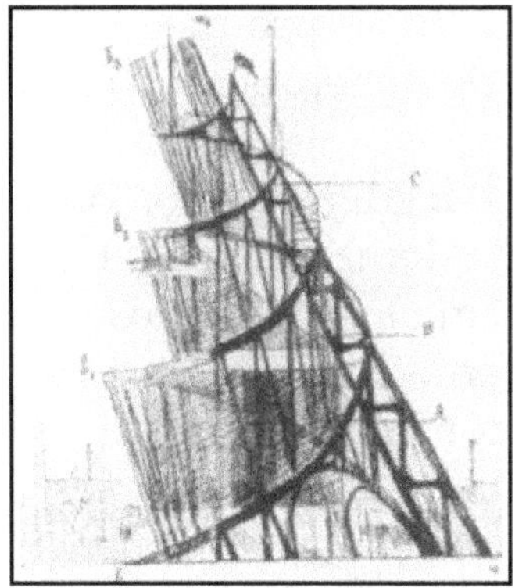

Tatlin Monumento a la 3ª Internacional Socialista 1919

Aparecen entonces dos movimientos que vienen para modificar este estado: El Constructivismo ruso y la escuela de la Bauhaus.

Los constructivistas Tatlin en arquitectura y Malevich en pintura, interpretan lo figurativo como ilusivo, dando paso a la abstracción. Al arte resultante se le otorga un nombre aparentemente paradojal: *el arte concreto*. Esto obedecía a que lo expresado en las formas creadas, no se refería a algo con existencia fuera de la obra, sino que las mismas tenían existencia *per se* ya que sus significados no eran referenciales. Ergo, eran *concretas*.

Nada que pudiese hacer sospechar alguna inspiración en lo existente, era permitido hacerse pues para representar la realidad, ya estaba difundido el uso de la fotografía.

Walter Gropius y otros Escuela Bauhaus Weimar 1919

En arquitectura se produce la reacción al mimético neoclásico saturado de retórica, creciendo la valoración por lo creativo innovador.

Opuestos al academicismo, Walter Gropius y otros crean en Weimar, Alemania, la escuela de artes y oficios de la Bauhaus que tenía los siguientes postulados:

- Valorar la verdad constructiva ya que en ese momento las marcas constructivas se tapaban con ornamentos. Aliado a ello, se acepta y busca la expresión propia de la máquina tanto en lo constructivo como en lo funcional y lo formal.
- Se toma a la verdad como presupuesto máximo. El

ser y el parecer debían coincidir, abriendo la puerta a la abstracción ya que en ella, no se trata de imitar a la naturaleza sino que sus significados son intrínsecos. Esto lleva también a la negación de los simbolismos.

- Se busca lograr un libre acceso de toda la sociedad a la vivienda y los objetos cotidianos.
- *Se acuña la frase representativa de los movimientos arquitectónicos de la época:* La forma sigue a la función.

La industria ya había generado nuevos materiales y técnicas, como el aluminio, el hormigón armado, etc. que venían a apuntalar las nuevas formas. Es tal la influencia de la máquina que se llega a definir una buena vivienda como *la máquina de vivir*.

A partir de todo ello, se generan movimientos propios del Modernismo tales como el Racionalismo y el Organicismo. La sociedad se siente representada por este nuevo modo de hacer y sus consecuentes resultados. Este momento produjo arquitectos de la talla del francés Charles-Edouard Jeanneret (Le Corbousier), el norteamericano Franck Lloyd Wright y el sueco Alvar Aalto.

Roger y Piano Museo George Pompidou Paris 1980

La era posindustrial

Con el fin de la segunda guerra mundial, la situación general descrita anteriormente cambió, por lo que se comienzan a cuestionar los postulados artísticos.

Los hechos globales que mostraba el mundo y que ejercieron influencia en la arquitectura fueron los siguientes:

- La composición económica mundial mostraba el crecimiento del sector servicios, el que compite en igual magnitud con el de la agricultura y el de la manufactura.

- Paralelamente a ello, la cantidad de habitantes en el mundo había trepado a dos mil quinientos millones. En esta población, los ocupados en el sector servicios comenzaban a establecer una preeminencia que marcaba la tendencia en el futuro. Esto traía como consecuencia la concentración de habitantes en los centros urbanos más importantes.

- La utilización maligna de la fisión nuclear en el final de la guerra y sus nefastas consecuencias generaron el miedo a la tecnología y aparecieron entonces los movimientos ecologistas.

El correlato de ello en la arquitectura se expresa en el agotamiento del modelo racionalista. La máquina había perdido admiradores, amén de la evolución y nuevas búsquedas dentro de ese movimiento, las que apuntaban hacia los metodologismos, llevando ese pensamiento al extremo de negar el mecanismo creativo llamado *la caja negra*.

Los diseños de la Bauhaus que, como principio básico, había negado los simbolismos, se convertían en objetos representativos del status de sus usuarios. Muchas de las máquinas de vivir no funcionaban ni el usuario se identificaba con ellas. Existía un sentimiento generalizado de añoranza hacia lo expresivo y lo figurativo conspirando esto contra el modernismo.

El vacío de la representación se hace evidente y nace, a consecuencia de ello, una constelación de distintas tendencias muy distintas entre sí pero cuyo factor común lo constituía la reacción al movimiento que ya estaba en decadencia.

Este conjunto de posturas fueron rotuladas por Charles Jencks como el Postmodernismo.

El polifacético movimiento utiliza la oposición como instrumento creador, algo muy distinto a las herramientas anteriores:

- De lo simple a lo complicado.
- De lo homogéneo a lo heterogéneo.
- De la seriedad a la ironía.
- De la negación a la aceptación del *kitch*.
- De la determinación a la indeterminación.
- De la verdad a los *ersats*.

La representación y la realidad aparecen confundidas y el parecer puede ser distinto al ser.

Ironizando el principio racionalista, se acuña la frase *La forma sigue al fiasco*.

Aquí, un listado de algunos de los *ismos* que compartieron el dominio del campo arquitectónico en la era posindustrial:

- El Historicismo iniciado por Charles Moore, que busca la inspiración en la historia, con interpretaciones nuevas.
- El Deconstructivismo nacido del trabajo conjunto entre un arquitecto: Peter Eisenman y un filósofo: Jaques Derrida. Ellos buscan un nuevo orden relacional de la estructura formal muy distinto al racional.
- El Semanticismo cuyos principales exponentes eran los norteamericanos del Grupo Site. Sus obras narran movimientos reales o imaginarios de los componentes de la arquitectura.
- El Eclecticismo con sus mezclas irreverentes de distintos estilos previos.
- El Formalismo que minimizaba la importancia de la función supeditándola a los intereses formales.

Los rascacielos, como producto obvio del predominio que tenían los trabajadores del sector servicios en las grandes ciudades, compiten en lograr la máxima altura record.

La sociedad encontraba en estas posturas, su representación.

Charle Moore Plaza Italia New Orleans 1977

La era digital

Las características generales de la sociedad actual las podemos resumir en los siguientes aspectos:

- El sector servicios, siguiendo la tendencia que traía desde la década del 50 domina por porcentajes muy altos a la agricultura y la manufactura, en la composición económica mundial.

- Se produce la explosión demográfica elevando la cantidad de habitantes del mundo a los seis mil trescientos millones, casi el triple de la que había en los años 50. La concentración en las ciudades se acentúa.

- El invento de la informática se torna cotidiano y su desarrollo es exponencial.

- Con la generalización de Internet, las comunicaciones se simplifican y aceleran.

- Con el desarrollo del transporte aéreo las distancias disminuyen.

- A consecuencia de los fenómenos anteriores aparece la desconcentración del trabajo.

- Tal como lo había vislumbrado Franz Kafka, los controles del estado crecen en desmedro de las libertades individuales.

- La relación entre los distintos países del mundo se desarrolla de manera global tanto desde el punto de vista cultural como del económico.

Estos factores interactuando hicieron que las posturas de la Posmodernidad se vean superadas por las increíbles potencialidades presentes. Esto vacía de representación social a la arquitectura posterior al movimiento moderno, obligándola a la búsqueda de nuevos modos de hacer.

Las tendencias actuales dejan atrás la reacción del Posmodernismo, que se oponía, de un modo casi infantil, a todo lo racional.

Se busca apoyo e inspiración en valores positivos y creativos tales como las transparencias, el vacío, las ausencias (arquitectura enterrada de Emilio Ambaz), la liviandad y la disminución de la masa (El predominio de los vacíos sobre los llenos), la aparente simpleza (el Minimalismo).

Liberskind Maqueta digital del World Trade Center New York 2002

Se puede decir con bastante certeza que a este movimiento actual podríamos otorgarle el apelativo de Neo Barroco. En principio, esta intención aparece como contradictoria ya que se asocia al Barroco con formas complejas y sobrediseñadas, lo que estaría en las antípodas de la descripción de la nueva arquitectura. Pero la veracidad del aserto, radica en la similitud de la tendencia de la arquitectura actual con la esencia del Barroco: esto es la búsqueda de espacios ilusorios donde los límites se desdibujan y las construcciones se desmaterializan. Todo el intrincado lenguaje del Barroco estaba en pos de este objetivo. Hoy se está logrando materializarlo pero con el apoyo de la tecnología.

Por otra parte, la aparición de la informática vino a modificar para siempre muchas facetas de la arquitectura.

Frank Gehry Museo Guggemheim Bilbao 1997

La representación, y así está interpretado en este escrito, se refiere al poder que poseen las cosas ya creadas de hablar por su tenedor. Entre los arquitectos también se la utiliza como herramienta indispensable para expresar las ideas aún no materializadas. En este sentido, la transformación acaecida en este campo por los programas de Diseño Asistido por Computadoras (CAD según las siglas en inglés) es asombrosa. Esta ayuda no vino sólo a simplificar esa tarea de representar lo que se va a construir, sino también a posibilitar formas nuevas que antes no podían construirse, por la imposibilidad de los métodos anteriores de representarlas previamente. Para demostrar esto, baste sólo un ejemplo como es el museo Guggenheim en Bilbao, del arquitecto Frank Gehry. Un proyecto diseñado con imaginación y soltura, a mano alzada, pero que luego toma el rigor geométrico necesario para su construcción, mediante su reelaboración computarizada.

También nace hoy la arquitectura virtual, es decir la creación de espacios no materiales pero que pueden vivenciarse en su totalidad. La realidad virtual o como se ha dado en llamarla *El síndrome de Alicia* aporta la absoluta novedad de anular el escenario y el marco preestablecido por el artista. Esto significa que el autor pierde la potestad de otorgar la ubicación y los puntos de vista para ver su obra, poder que es cedido al fruidor para que éste tome todas esas decisiones.

La película *Matrix*, (1999) de los hermanos Andy y Larry Wachowski, expone con bastante verosimilitud esta nueva posibilidad en el mundo de las vivencias espaciales.

La realidad virtual es, pues, una verdadera innovación que vino a instaurar en las artes puras (no sólo visuales) un referente de la arquitectura que antes no existía.

Las consecuencias de esta aparición pueden tener, en el siglo que comienza, tantas o más repercusiones de las que tuvo la fotografía en el siglo XX.

Bibliografía

COHEN, Jean-Luis, TAFURI, MANFREDO y otros. (1994) - *Constructivismo ruso.*

GARMENDI, Corrado. (1999) *Arquitectura contemporánea de los años 43 a los 90.*

JENCKS, Charles. (1973). *Movimientos modernos en arquitectura.*

JENCKS, Charles. (1977). *El lenguaje de la arquitectura posmoderna.*

JENCKS, Charles. (1983). *La arquitectura bizarra.*

PORTOGHESI, Paolo. (1981). *Después de la arquitectura moderna.*

Impreso por Editorial Brujas • septiembre de 2014 • Córdoba–Argentina